Die Faszination des Augenblicks

NATUR IN SÜDTIROL
Die Faszination des Augenblicks

Herausgegeben von „Strix – Naturfotografen Südtirol" im Auftrag
der Landesabteilung Natur und Landschaft, Amt für Naturparke, sowie
des Naturmuseums Südtirol. Mit Texten von Martin Schweiggl

Folio Verlag

Naturfotografen Südtirol
Fotonaturalisti Alto Adige

1. Auflage 2003
© Folio Verlag, Bozen – Wien
Grafische Gestaltung: no.parking, Vicenza
Scans und Druck: Lanarepro, Lana

ISBN 3-85256-245-7
www.folioverlag.com

Herausgegeben im Auftrag der
Landesabteilung Natur und Landschaft, Amt für Naturparke,
sowie des Naturmuseums Südtirol

Sämtliche in diesem Band versammelten Fotografien
sind nicht digital verändert worden.

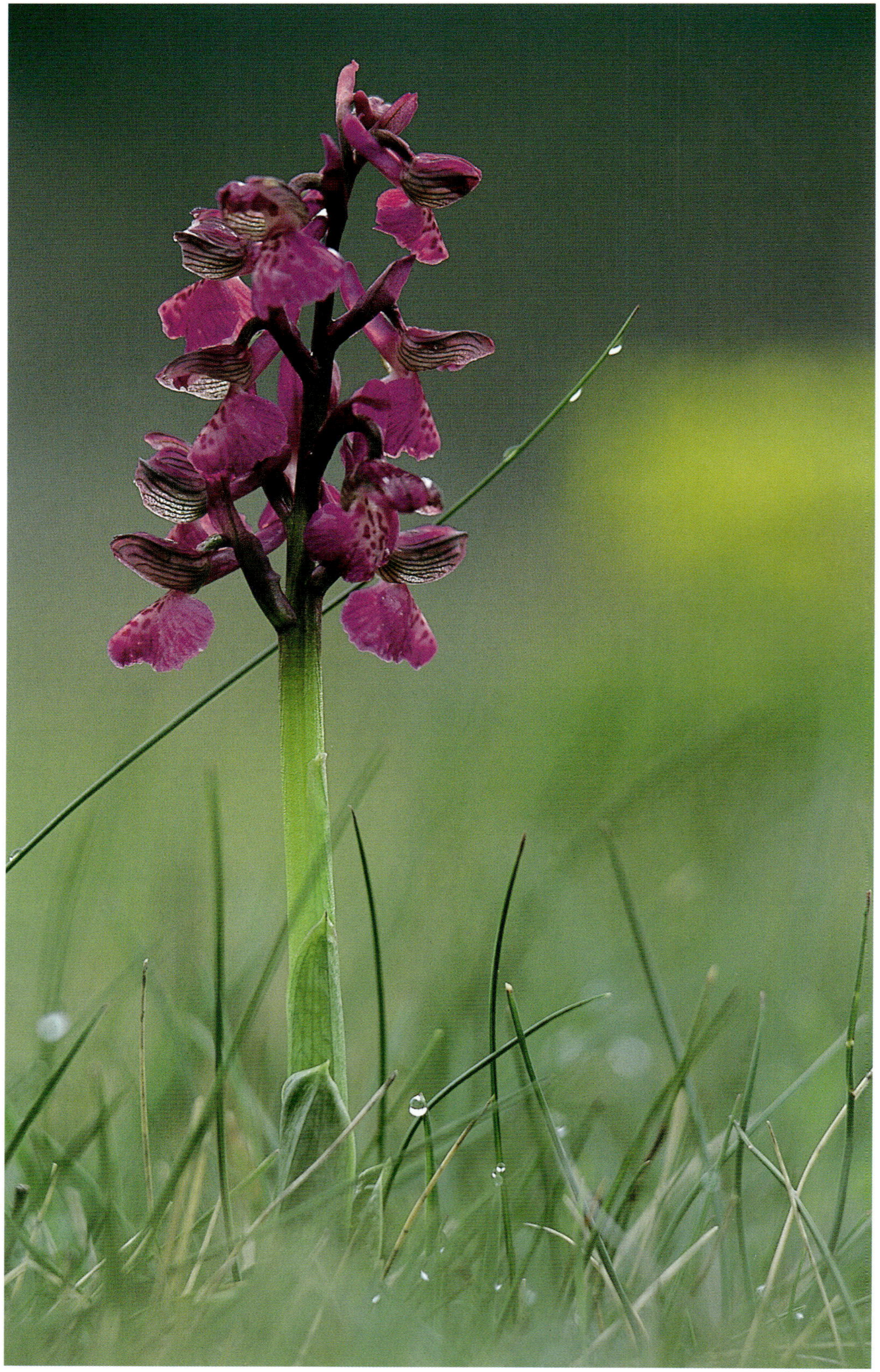

S. 2: Mohnkapsel im November – Biotop Pidigbach, Gsiesertal
Nebenstehend: Kleines Knabenkraut, eine typische Frühjahrsorchidee der Magerrasen

INHALT

VORWORT 7

WIESE 8

WASSER 40

WALD 70

BERG 98

Ständige Benetzung und hohe Luftfeuchtigkeit lassen Moose üppig wachsen. Tropfsteinquelle Burgum im Pfitschertal – das in Jahrtausenden gewachsene Naturdenkmal wurde 2001 durch eine gewaltige Mure zerstört.

DIE FASZINATION DES AUGENBLICKS

Wer sind diese Naturfotografen? Sie gehen einem Beruf nach wie Sie und ich. In ihrer Freizeit aber ziehen sie schwer bepackt in die Natur hinaus, warten stundenlang in Hitze, Kälte oder Regen auf den richtigen Augenblick, schießen Foto um Foto, statt in ein neues Motorrad oder Auto investieren sie in ihre Ausrüstung.
„Nichts zu sehen" gibt es für sie nicht. Bei jedem Wetter, vom Morgengrauen bis zur Dämmerung finden sie ihr „Fotowetter". Sie rücken auch das Gewöhnliche aus seiner Unscheinbarkeit heraus und machen es zum „Star". Das Blättern in diesem Buch wird deshalb für jeden von uns zur Schule des Sehens – und schärft unseren Blick für überraschende Entdeckungen schon bei der nächsten Wanderung.
Die Kunst des Naturfotografen ist es, nicht nur unseren Augen etwas zu erschließen, sondern das Bild so zu gestalten, dass das Motiv in unserem Kopf und in unseren Gefühlen gleichsam zu neuem Leben erweckt wird, dass Natur sozusagen mit allen Sinnen erlebbar wird: Wir hören das Tosen des Wasserfalls, riechen den Duft der Blume, schmecken die Köstlichkeit der Waldfrüchte, spüren den federnden Waldboden unter unseren Füßen oder die Nervosität des Insekts, erleben den Sog der Strömung und die Stimmung des zur Neige gehenden Spätherbsttages.
Natur ist nie langweilig. Das Beständige an ihr ist der Wandel. Der Fotograf hält Augenblicke davon fest. Es ist wie bei einem Gemälde. Das Bild ermöglicht uns, länger innezuhalten, und jeder wird darin etwas für sich entdecken. Manche Bilder sind wie ein fotografisches Tagebuch: Das Motiv löst sich von der sachlichen Dinglichkeit, schafft Raum für eigene Empfindungen.

„Die Faszination der Vielfalt" könnte man Südtirols Natur charakterisieren. Wenn man vom Meer absieht, bietet Südtirol im Kleinen (fast) alles, was man in Europa vorfinden kann. Der Prospektslogan „Von den Palmen zum ewigen Eis" spannt zu Recht den Bogen vom Mittelmeer bis zum Nordkap.
Südtirol ist auch ein Land der Kontraste: Weitläufige unberührte Gebirgslandschaften stehen Tälern und Tourismushochburgen gegenüber, in denen durch Intensivkulturen, Verbauung, Infrastrukturen und Verkehr die Natur buchstäblich an den Rand gedrängt wurde. Die bestechenden Bilder von Schönheit und Wildnis der Südtiroler Natur und Landschaft sind manchmal auch die Dokumentation verschwindender Arten und Lebensräume – ein Appell diese zu bewahren.
Selbst die „ewigen" Berge sind nur eine Momentaufnahme im unablässigen Werden und Vergehen. Wo jetzt unsere Alpen emporragen, herrschten einst Wüsten und Tropenklima, wogte vor 100 Millionen Jahren der Ozean, erstickte noch vor 40 000 Jahren ein kilometerdicker Eispanzer alles Leben.
Unablässig rieselt auch heute Gesteinsschutt zu Tal: Eine „Bergsanduhr", die nicht in Stunden sondern in Jahrmillionen misst. Irgendwann werden selbst von unseren stolzen Gipfeln nur mehr sanfte Hügel übrig bleiben. Die menschliche Zivilisation, auf die wir so stolz sind, umfasst gerade die letzten Silben im dicken Natur-Geschichtsbuch der Erde. Nehmen wir die Verantwortung für die Naturgüter unserer Erde ernst, sonst könnte unsere Zeit leicht die letzten Silben der Menschheitsgeschichte schreiben!

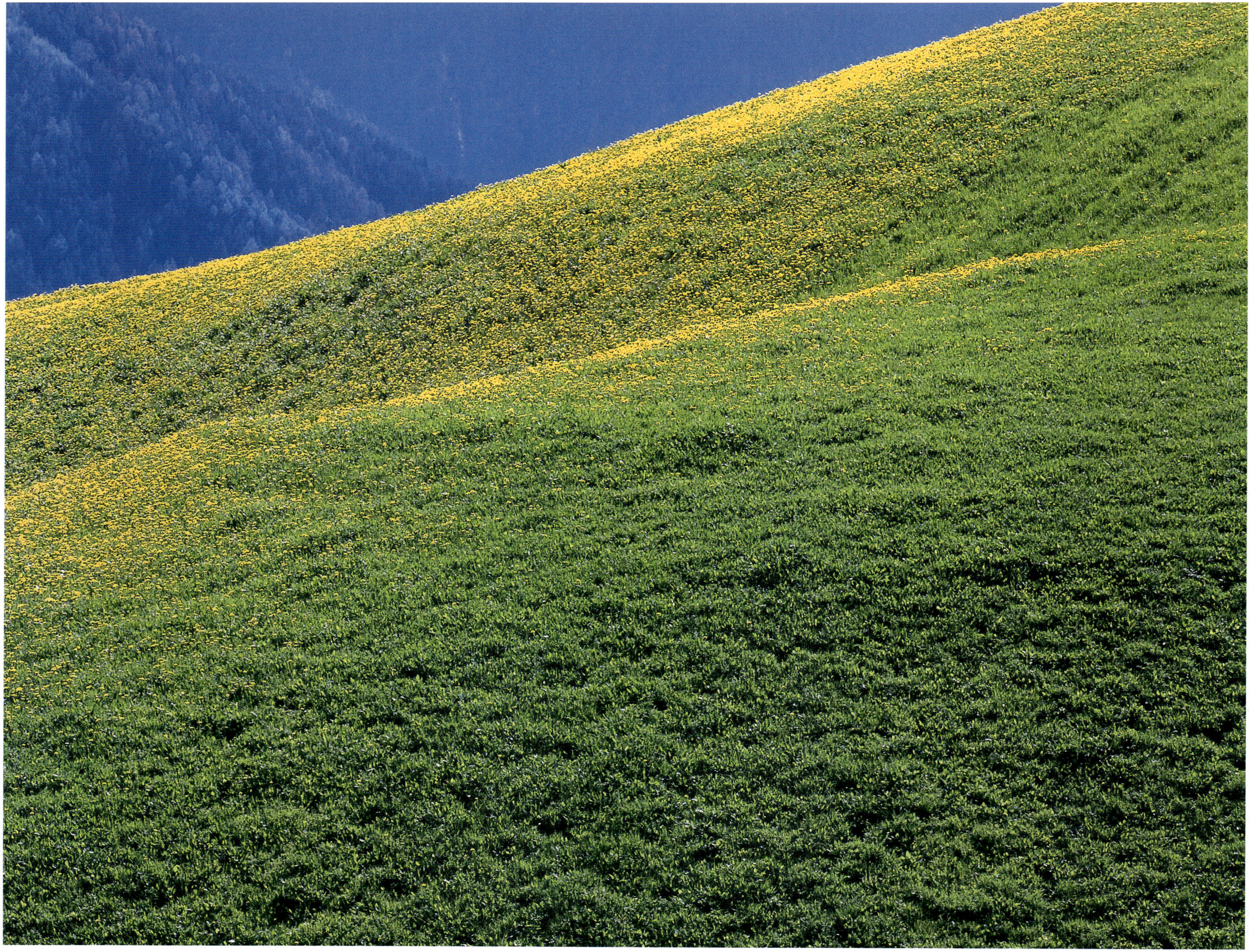

WIESE

Einmal ehrlich: Wann haben Sie zum letzten Mal auf dem Bauch liegend mit „Makroaugen" den Mikrokosmos einer Sommerwiese beobachtet? Eine Ameise, die einen erbeuteten Raupenkoloss abschleppt, das Tauperlennetz einer Spinne, zirpende Heuschrecken, das Gewurle der Käfer, die Kinderstube der Schaumzikade, bizarre Blütengäste – und natürlich die Vielzahl von Blumen und Kräutern. Die meisten werden sich wohl an ihre Kindheit zurückerinnern müssen. Wo ist die bunte, lebendige Vielfalt der Blumenwiesen unserer Kindheit geblieben, werden sich manche fragen?

Wiesen sind Zeugen der ältesten landwirtschaftlichen Kultur. In der ursprünglichen Waldlandschaft Mitteleuropas gab es „Urwiesen" nur oberhalb der Baumgrenze und mosaikartig auf flachgründigen, sonnigen Steilhängen oder vorübergehend an Flussufern oder Moorrändern.

Als der Mensch in der Bronzezeit endgültig vom Hirten zum Bauern wurde, begann er großflächig den Urwald für Weiden und Mähwiesen zu roden. In Jahrtausenden extensiver Nutzung sind so neue „Biotope von Menschenhand" entstanden. Bis zu 80 verschiedene Pflanzenarten finden wir heute auf einer ungedüngten Magerwiese. Licht liebende Pflanzenarten aus den kleinräumigen Urwiesen und aus osteuropäischen Steppen wanderten ein, Wärme liebende Insekten folgten ihnen. Als Faustregel gilt, dass auf eine Pflanzenart zehn Tierarten kommen. Der Insektenreichtum lockte wiederum Singvögel als „Kulturfolger" aus dem Wald. Das Mosaik der Hecken und Flurgehölze wurde zu einer Arche Noah für ehemalige Waldbewohner: Über 1 200 Tierarten leben hier, darunter die Hälfte der heimischen Säugetiere und zahlreiche Singvögel und Nützlinge.

„Wie gewonnen, so zerronnen."

Die Vielfalt, die der wirtschaftende Mensch in Jahrhunderten geschaffen hat, ist durch unsere technischen Möglichkeiten und das Diktat der Produktionsmaximierung wieder akut bedroht. Feuchtwiesen wurden entwässert, Buckelwiesen mit ihrem vielfältigen Mikrolebensräumen zwecks maschineller Bearbeitung planiert. Hecken wurden ausgeräumt und Lärchenwiesen gerodet, die mit ihrem zartgrünen Frühjahrsaustrieb und den flammenden Herbstfarben überhaupt zu den Juwelen der Südtiroler Kulturlandschaft zählen. Durch Intensivdüngung wurde die bunte Kräutervielfalt von wenigen ertragreichen Massengräsern der Fettwiesen überwuchert, wobei Orchideen, Enziane, Primeln, Anemonen und Arnika als Erste verdrängt wurden. Der frühe Schnittzeitpunkt lässt Wiesenbrütern, Heuschrecken und Schmetterlingslarven nicht mehr die nötige Zeit zu ihrer Entwicklung. Aus den tieferen Tallagen sind die Mähwiesen durch die Umstellung auf Intensivobstbau überhaupt verschwunden. Und wer sich heute bäuchlings auf die Wiese legt, wird statt dem Duft würziger Kräuter eher scharfen Güllegeruch atmen.

Naturfotografen – auch wenn sie mitunter wie nebenstehend vom formalen Reiz einer überdüngten „Löwenzahnmonokultur" fasziniert sind – wissen, wo sie die „Blumenwiesen der Kindheit" noch finden. Auf den Standorten der ehemaligen Urwiesen allemal, aber auch an Feldrainen, Waldsäumen, Straßen- und Bahnböschungen. Und – agrartechnisch gesprochen – auf so genannten Grenzertragsböden, die das Dilemma des Wiesenschutzes deutlich machen. Das sind naturnahe Wiesen in Randlagen, auf denen sich eine Intensivierung (zum Glück) nicht lohnt, die deshalb meist aufgelassen werden, verbuschen und sukzessive vom Wald wieder zurückerobert werden; wodurch die Licht bedürftigen Wiesenblumen und -insekten wieder verdrängt werden.

Traditionelle Kulturen kann man nicht – wie etwa ein Moorbiotop – durch Schutzmaßnahmen allein erhalten, sondern nur durch die Weiterführung jener Bewirtschaftung, die heute für den Bauern vielfach unrentabel ist. Die Mehrarbeit bzw. der Minderertrag traditioneller Bewirtschaftung wird deshalb mittlerweile von der Südtiroler Naturschutzbehörde und der Europäischen Union durch spezielle Landschaftspflegeprämien abgegolten und damit auch die neue Rolle des Bauern als Landschaftspfleger honoriert.

Bestäubungstiming: Die grazile Herbstzeitlose hat ihre Blühzeit auf die blütenarmen Herbstmonate vorverlegt, um sich die ungeteilte Aufmerksamkeit der Bestäubungsinsekten zu sichern. Die dazugehörenden Blätter und Samenstände erscheinen erst im darauffolgenden Frühjahr.

Bestäubungsfalle: In Form und Farbton als Teil der Blüte getarnt, lauert die Krabbenspinne ahnungslosen Blütenbestäubern auf, die sie blitzschnell packt und mit einem Giftbiss lähmt.

Nicht nur Bienen werden von Pollen und Nektar der Blüten angelockt. Hier tasten leichtfüßige Fliegen die Blüten von Wiesensalbei und Weidenröschen nach Genießbarem ab, das Esparsetten-Widderchen bevorzugt – wie könnte es anders sein – seine Namen gebende Wirtspflanze, während der Pinselkäfer eine Distelblüte inspiziert. Insekten gibt es seit 300 Millionen Jahren; mit bis zu 1 000 Flügelschlägen pro Sekunde können manche auf 300 Stundenkilometer beschleunigen.

Durch das „Makroauge" des Fotografen gesehen, verwandelt sich selbst unsere gewöhnliche Hauswurz in ... eine verlockende Ananas?

Die wenigen verbliebenen Feuchtwiesen – hier im
Knuttental im Naturpark Rieserferner-Ahrn – überzieht
im Frühsommer ein bunter Teppich von Lichtnelken
und Hahnenfuß.

Portrait einer Wildbiene. Bei nasskalter Witterung
kann man den flinken Insekten am besten auf die
Pelle rücken.

WIESE

Wo Landwirtschaft nicht nur „Produktion", sondern auch „Kultur" bedeutet: Hecken und Flurgehölze, Tälchen, Terrassen und Kuppen prägen entscheidend den Liebreiz und ökologischen Wert der kleinstrukturierten Kulturlandschaft bei St. Magdalena in Villnöss.

Landschaftsgrafik aus Linien, Licht und Schatten bei Natz-Schabs.

Bläuling im Gegenlicht – die durchscheinenden Flügel verschmelzen beinahe mit der Umgebung.

Die ersten Schritte in ein selbstständiges Leben: Schlüpfende Raubwanzen, die nie etwas von ihren (unbekannten) Eltern werden lernen können.

Die Gottesanbeterin – unser „Maringgele" – hat mit ihren in Sekundenbruchteilen vorschnellenden Fangbeinen einen nichts ahnenden Falter von der Blüte „gepflückt".

Fragil und nahezu schwerelos hängen diese sich paarenden Schnaken von einem Grashalm.

Vielfältig gegliederte Bergbauernlandschaft mit
typischem Eisacktaler Paarhof im hinteren Villnösstal.

Diese Schafsstelze hat auf ihrem Frühjahrszug
im Biotop Castelfeder einen „Proviantstopp"
eingelegt und schnappt nach den von den Schafen
aufgescheuchten Insekten.

Die im Mittelmeerraum beheimatete Blaumerle
hat in warmen Felshängen im Süden Südtirols –
hier am Mitterberg – ihre nördlichsten Brutplätze.

Das in ganz Südtirol verbreitete, unverkennbare Rot-
kehlchen, gehört zu den bekanntesten Singvögeln und
brütet auch in naturnahen Gärten.

In Baumhöhlen von Laub- und Auwäldern sowie Parkanlagen brütet die zierliche Sumpfmeise.

Ein derartig spektakuläres Bild gehört zu den Glanzlichtern eines Fotografenlebens – wie eine Zwölfender-Trophäe für den Jäger. Turmfalkenpaarung am Mitterberg südlich von Bozen. Der Turmfalke jagt fast ausschließlich Mäuse, die er meist im Rüttelflug – unverrückbar in der Luft „stehend" – erspäht.

Kaum zu glauben, dass diese drolligen Federknäuel einmal als erwachsene Neuntöter und geübte Insektenjäger auch schon mal überschüssige Beute auf einem Dorn aufgespießt „zwischenlagern" werden.

Braunkehlchen auf Durchzug. Die wenigen im Etschtal übrig gebliebenen extensiven Kulturlandschaften sind als Rastplätze unentbehrlich.

Durch Umweltgifte und Nestplünderer bedroht, war der Wanderfalke auch in Südtirol fast ausgestorben. Mittlerweile beobachtet man diesen eleganten Greifvogel wieder häufiger.

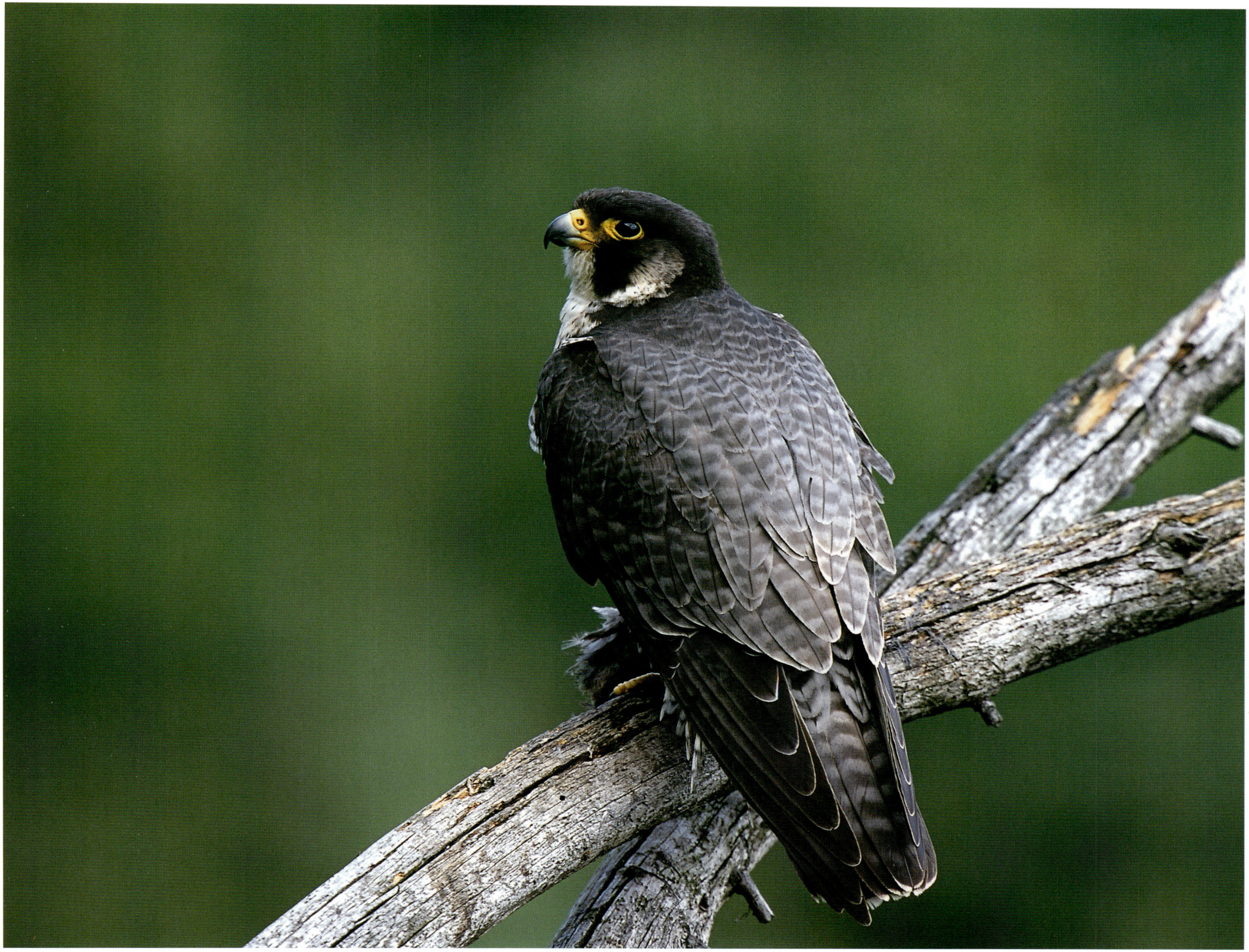

Alle (Foto-)Technik der Welt
kann die Unfähigkeit etwas zu bemerken
nicht kompensieren.

Das Makroobjektiv öffnet für uns die Schatzkammern
der Natur: bunt schillernde Schuppenplättchen auf
dem Flügel eines Tagpfauenauges.

Eine Aspisviper liegt träge in der schwachen
Herbstsonne. Diese Giftschlange lebt an den warmen
Trockenhängen des Etsch- und Eisacktales.

Der Feldhase verlässt sich in seiner Sasse am
winterdürren Waldrand auf seine perfekte Tarnung
und lässt den Fotografen nahe heran.

Zauber des Herbstes: Am Ende einer Vegetationsperiode und am Ende eines „goldenen" Herbsttages leuchten die Lärchen noch einmal in der tief stehenden Sonne, die auch die bereits kahlen Kirschbaumzweige mit einem silbrigen Glanz überzieht.

Wie lange werden die dekorativen Blätter dieser Edelkastanie bei Grissian noch den heranziehenden Herbstnebeln trotzen?

Das Gewöhnliche aus seiner Unscheinbarkeit herausholen und als Star ins Rampenlicht stellen

Das aufmerksame Auge des Naturfotografen findet selbst im „trostlosen" Winter Motive von morbider Schönheit: Blätter von Pappel, Kastanie und Eiche auf ihrem Weg vom Himmel zur Erde, wo sie mithilfe von Wasser, Eis und Bodenlebewesen tatsächlich wieder zu Erde und Humus für neues Leben werden. Der Kreislauf des ewigen Stirb und Werde!

Geduldig wartet der hungrige Mäusebussard im
leichten Schneegestöber auf seinem Ansitz, bis vielleicht
doch eine unvorsichtige Maus ihr Loch verlässt.

Erst der Winter offenbart die reich verzweigte Struktur
der Baumkronen.

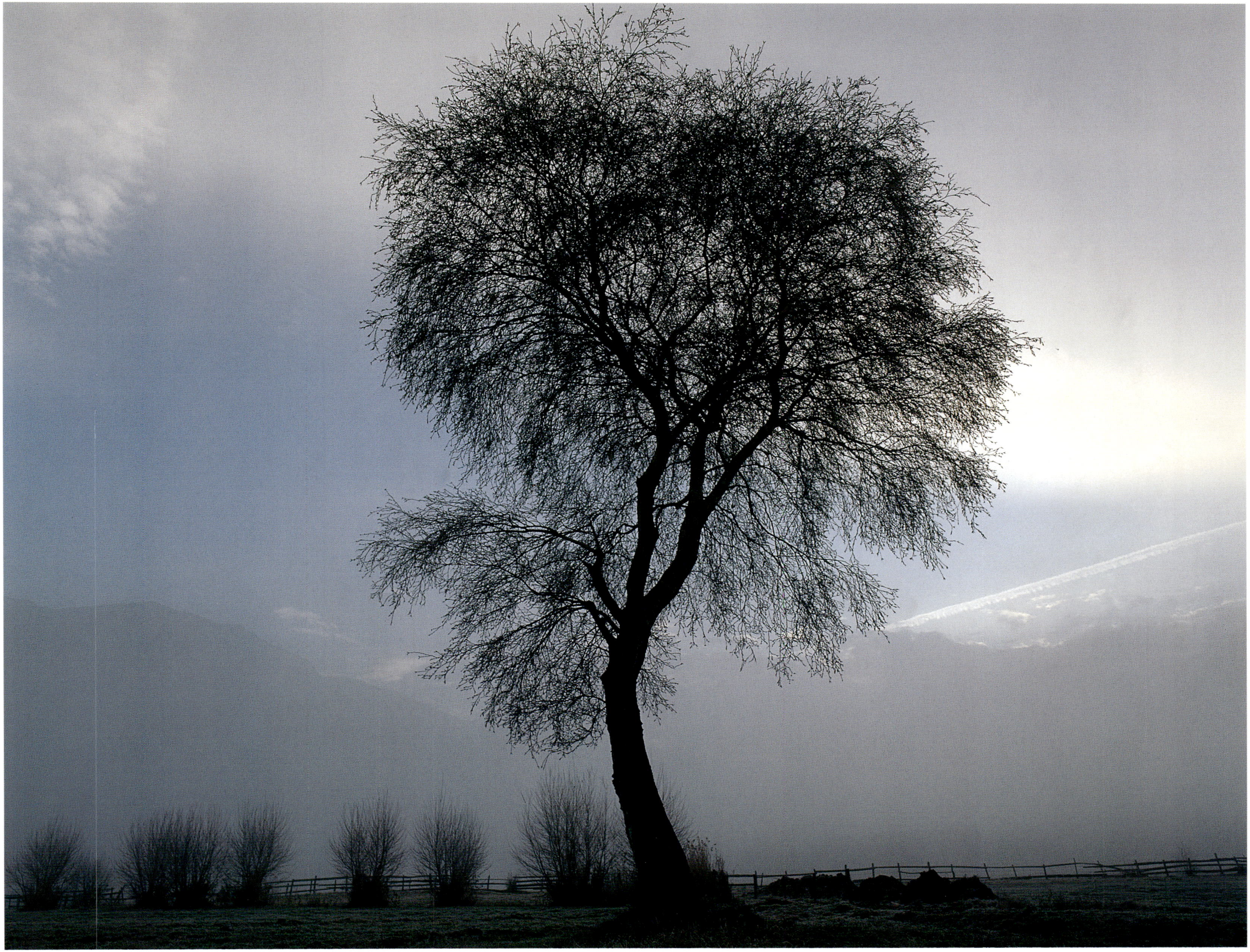

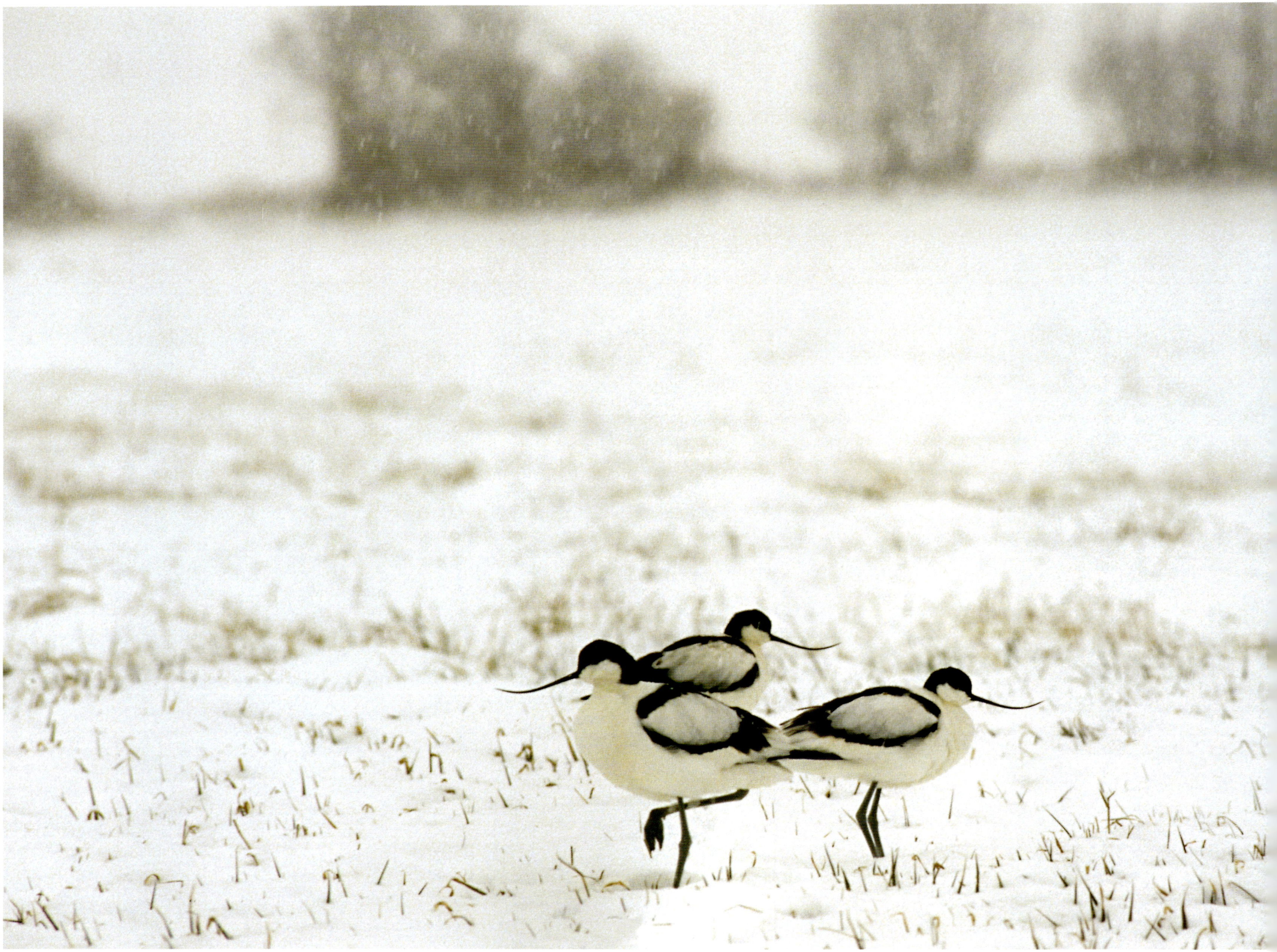

Ein verspäteter Wintereinbruch im April stoppte diese Säbelschnäbler auf ihrem Frühjahrszug über den Alpenhauptkamm. Naturnahe Biotope wie hier die Ahrauen können dann tausenden von Zugvögeln während solcher Zwangspausen „Reiseproviant" bieten und somit das Überleben sichern.

WIESE

WIESE

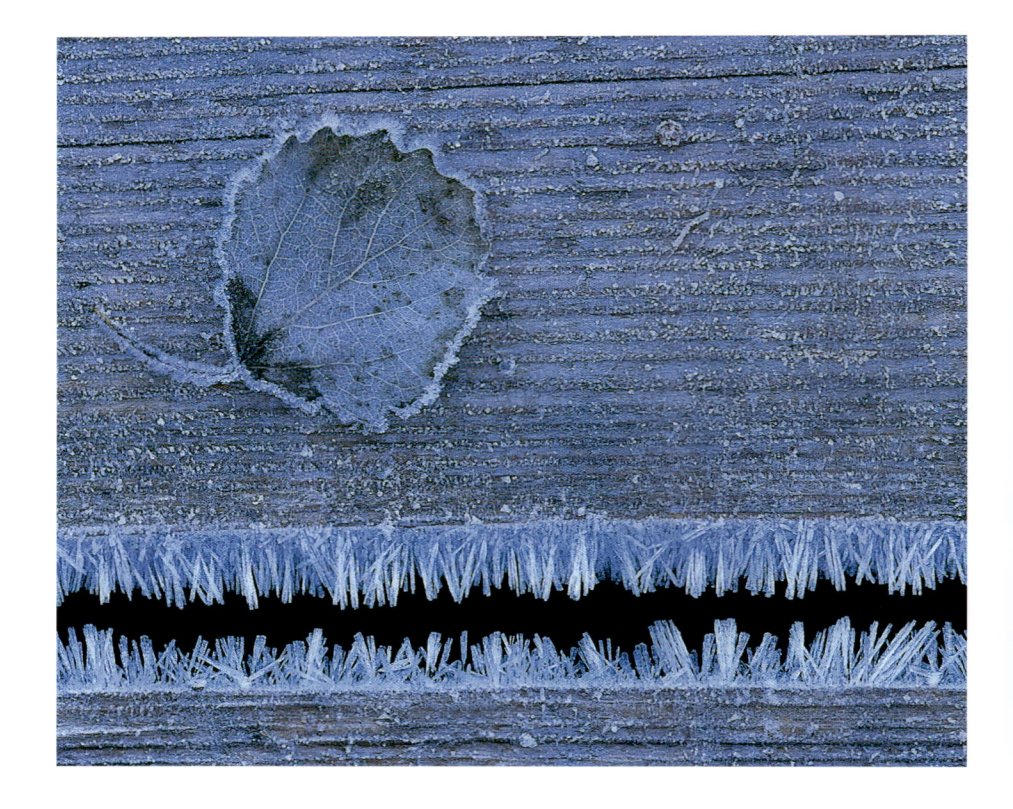

Wer sich mit allen Sinnen auf die Natur einlässt,
wird sich nie langweilen.

Der im Verhältnis zu den übrigen Jahreszeiten „farblose"
Winter öffnet erst den Blick für die zarten Formen und
Farbtöne des Unscheinbaren.

„Hier ist einer schon vor mir dagewesen", sagt uns die Spur des schnürenden Fuchses auf den Schneebrücken im hintersten Ahrntal.

Der Winter offenbart die Struktur und Geschichte der Landschaft: Apfelbaumreihen soweit das Auge reicht verleihen dem mittleren Vinschgau heute eine einheitliche Textur, die nicht nur die planierten geometrischen Grundparzellen überzieht, sondern auch die wenigen von der Flurbereinigung verschonten und noch von Hecken und Steinmauern umsäumten Grundstücke.

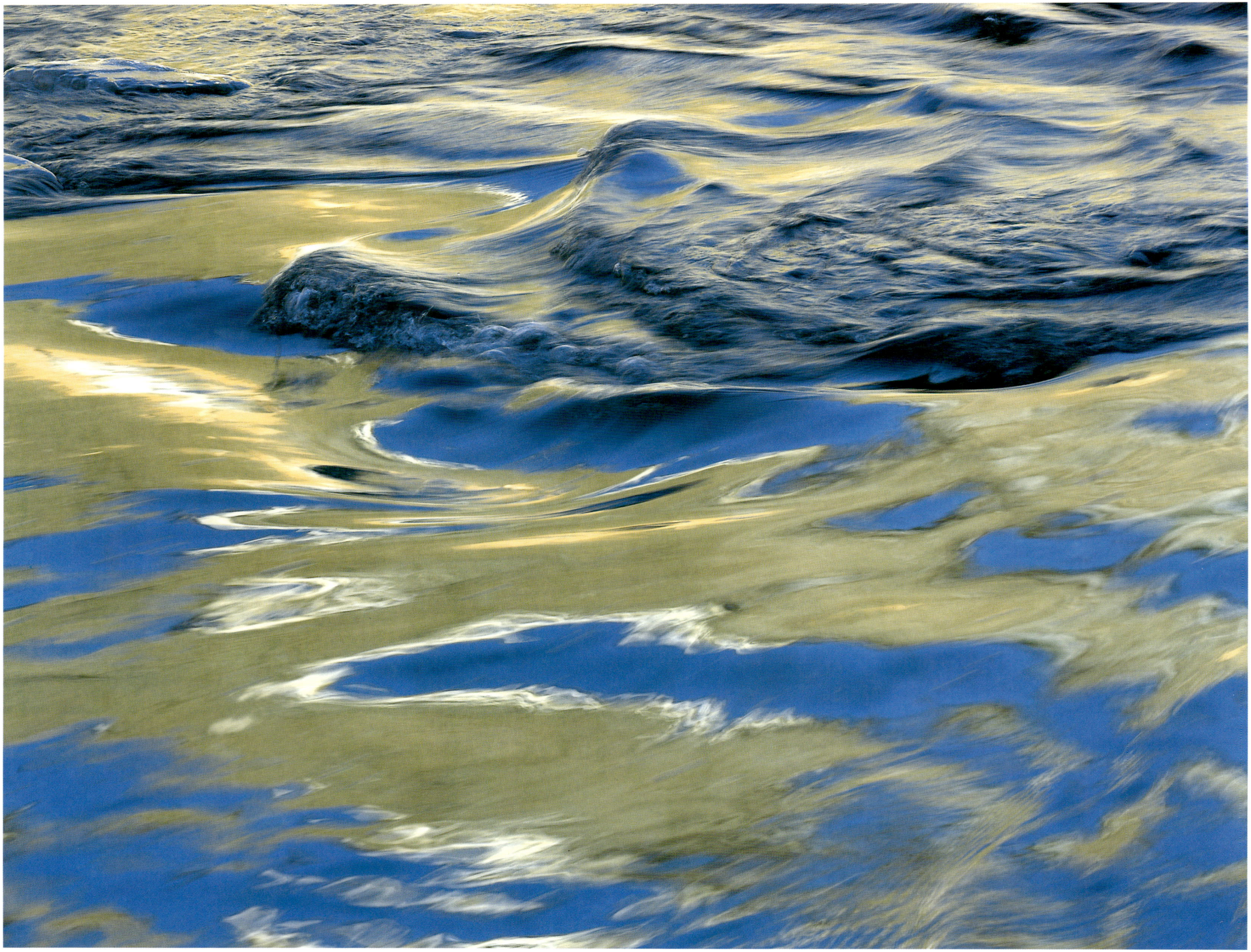

WASSER

Welche Farbe hat Wasser? Blau, grün, dunkel – oder gar bräunlich, wie auf dem nebenstehenden Bild von der Gader? An sich ist es rein und farblos – „keusche Schwester" nannte es Bruder Franziskus – nimmt aber alles auf: Es spiegelt die Farbe seiner Umgebung, führt den Organismen gelöste Nährstoffe zu und nimmt die Abfallstoffe wieder mit. Wasser kann sich mithilfe von Mikroorganismen am Gewässergrund und den Wurzeln der Uferpflanzen sogar selbst reinigen. In vielen Religionen spielt es eine wichtige Rolle bei Segens- und Reinigungsritualen.

Wasser ist schon ein besonderer Stoff. Im Wassermolekül – H_2O – gehen hochexplosiver Wasserstoff und zündender Sauerstoff eine stabile Verbindung ein, die ihrerseits aber Feuer löschen kann. Wasser ist die einzige chemische Verbindung, die von Natur aus auf der Erde in allen drei Aggregatzuständen vorkommt: gasförmig, flüssig und fest.

Wasser ist das Symbol für rastloses Wandern, kann sich jedoch auch in Geduld üben: Jahrhunderte im Holz eines Stammes, Jahrtausende im „ewigen" Eis, im Grundwasser oder im Ozean, Jahrmillionen im Gestein gebunden. Irgendwann wird jedes Molekül jedoch wieder in den ewigen Kreislauf von Verdunstung und Niederschlag zurückfinden. Deshalb auch keine „Existenzangst" des Wassertropfens in der prallen Sonne: Alles ist nur ein beständiger Wandel.

Wasser ist das Lebenselexier schlechthin: Das organische Leben entwickelte sich im Wasser, stieg aus dem Wasser an Land und besteht großteils aus Wasser. Noch heute sind die Übergangsbiotope zwischen Wasser und Land – Uferzonen, Tümpel, Auen und Moore – unsere biologisch produktivsten Lebensräume und Schatzkammern der Natur. Ein einziges Froschpaar kann als wahrer „Futterautomat" tausende Eier ablaichen: Für Libellenlarven, Wasserkäfer, Molche, Fische, Nattern und Wasservögel tut sich da ein Schlaraffenland auf.

Rein sprudelt das Wasser aus der Quelle, milchig-weiß gurgelt es aus dem Gletschertor; Wildbäche und Wasserfälle laden uns zu beeindruckenden „Schau- und Hörspielen" ein. Zeitlos gemächlich strömt der Fluss. Leider wurden diese „Lebensadern der Landschaft" häufig vom Menschen verbaut und in enge Korsetts gezwängt. Durch Drainagen und Bodenversiegelung schießt Wasser immer schneller zu Tal. Und was einmal lebensstiftend war, kann lebensbedrohende Katastrophen auslösen.

In wassergesättigten Mooren wandeln sich die Pflanzenreste unter Luftabschluss zu mächtigen Torfschichten, die als „Naturarchiv" die Vegetation vergangener Jahrtausende konservieren. Nur etwa ein Millimeter Torf bildet sich pro Jahr: Eine einzige Baggerschaufel kann 1 000 Jahre Vegetationsgeschichte beseitigen. Torf kann bis zu 90 Prozent seines Volumens mit Wasser vollsaugen. Er schützt deshalb vor Hochwasser und speichert Wasser für Trockenzeiten. Unsere Ahnen wussten dies.

Die Moore im Naturpark Trudner Horn standen bereits 1505 im Mittelpunkt des Fleimstaler Hexenprozesses. Die angeklagten Frauen wurden beschuldigt, die Moore durch Vergraben ausgedörrter Käselaibe ausgetrocknet und dadurch lebenswichtige Quellen zum Versiegen gebracht zu haben. Hinter der abstrusen Anklage steht jedenfalls das Wissen um die eminent wichtige Funktion der Moore für einen ausgeglichenen Wasserhaushalt. Erst in unserer Zeit machten sich die Hexenmeister der Technik im ganzen Land ans Werk, um nahezu alle Moore und Auen durch Entwässerung und Trockenlegung zu „bonifizieren", sodass heute drei Viertel der ursprünglichen Feuchtgebietsfauna auf die rote Liste der gefährdeten Tierarten Südtirols gesetzt werden musste. Ein Unterschied zum „finsteren Mittelalter" besteht allerdings: Während die Fleimstaler Hexen für ihre angebliche Untat auf dem Scheiterhaufen verbrannt wurden, wurden die modernen „Mooraustrockner" vielfach noch mit Subventionen belohnt.

WASSER

42

Die Kunst des Fotografen lässt die im Bild gebannte
Bewegung im Kopf des Betrachters wieder ablaufen.
In der Rienzschlucht drehen sich Eisschollen um die
eigene Achse, im Eisack tummeln sich gesellige
Stockenten.

WASSER

WASSER

44

Sich in die Natur zu verlieben
ist eines der größten Abenteuer des Lebens.

Vor unserer Haustür entstehen über Nacht kurzlebige
Wunder – Verwandlung und Verzauberung: Eishaus,
Eisperlenteller, Eispyramide.

WASSER

WASSER

46

Ein tiefblauer Novemberhimmel über dem Naturpark
Trudner Horn verleiht diesen langsam auf den Teichgrund sinkenden Seerosenblättern einen letzten Glanz.

Gehen und Bleiben: Der Schalderer Bach strömt
über die kleine Kaskade eilig dem Fluss und Meer zu.
Nur die Wassermoleküle im gefrorenen Sprühnebel
verweilen noch – für Tage, für Wochen, vielleicht für
einen ganzen Winter.

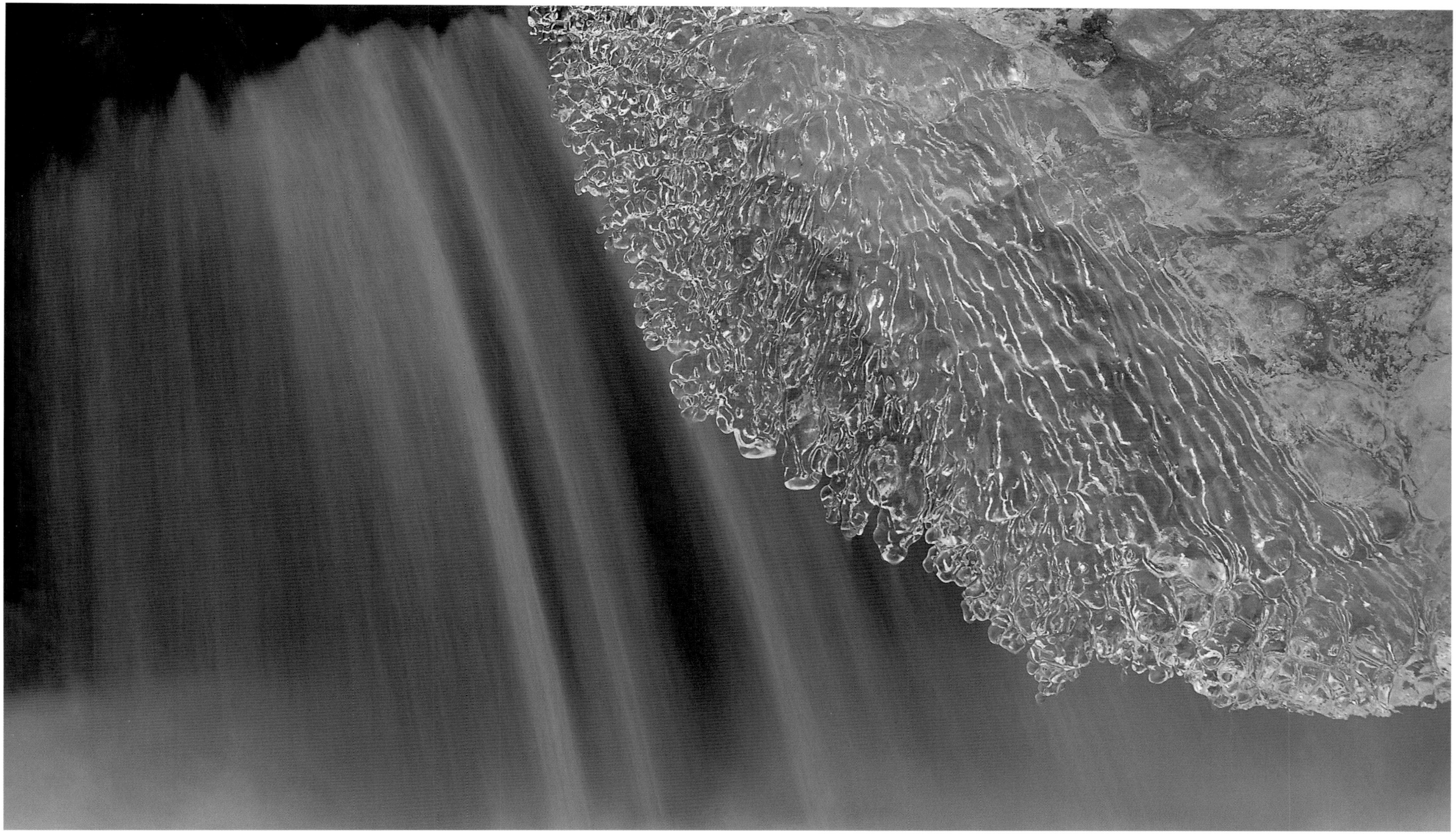

WASSER

Wasser & Stein mathematisch: (Wasser + Stein) x Zeit = Form
Wasser & Stein philosophisch: Der Sieg des Weichen gegen das Harte
Wasser & Stein existentialistisch: Das Gehende prägt das Verharrende

WASSER

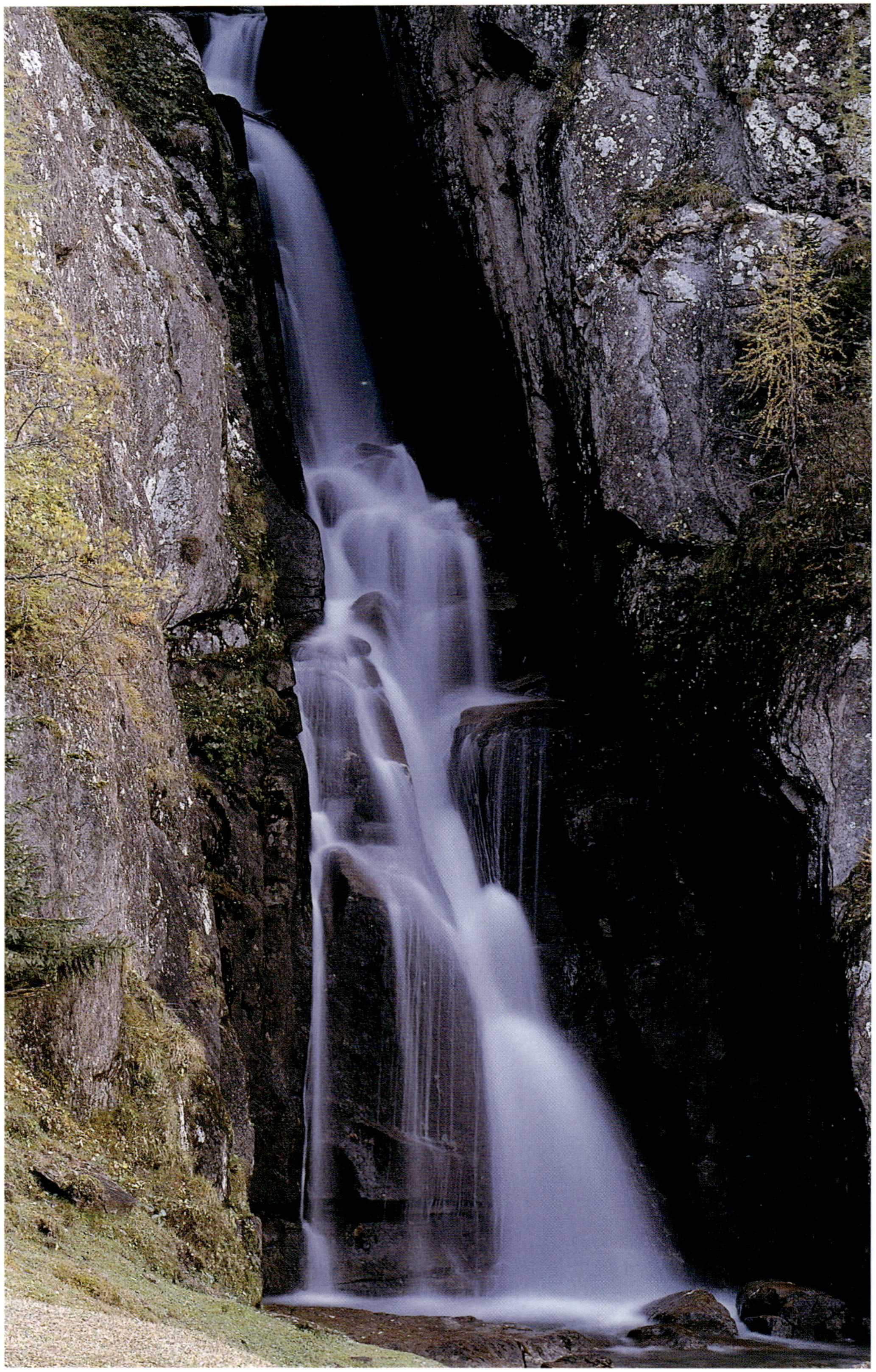

WASSER

Wir halten nur Augenblicke fest –
das einzig Beständige in der Natur ist der Wandel.

Jeder Wasserfall ist ein optisches, akustisches,
formendes Spiel der Natur; Erlebnis pur für die einen –
pure Verschwendung für jene, die ihn nur durch die
„Kilowattbrille" der Stromerzeugung sehen. Maislbach
in Pfitsch und Schalderer Bach bei Vahrn.

Selbst ein Regentag kann ein guter Fototag werden:
Mit Wasserperlen gespickte Sumpfschwertlilie und eine
poetisch-nüchterne Komposition aus dem Zusammenspiel
von Wasser, Binsen und ihrer Spiegelung.

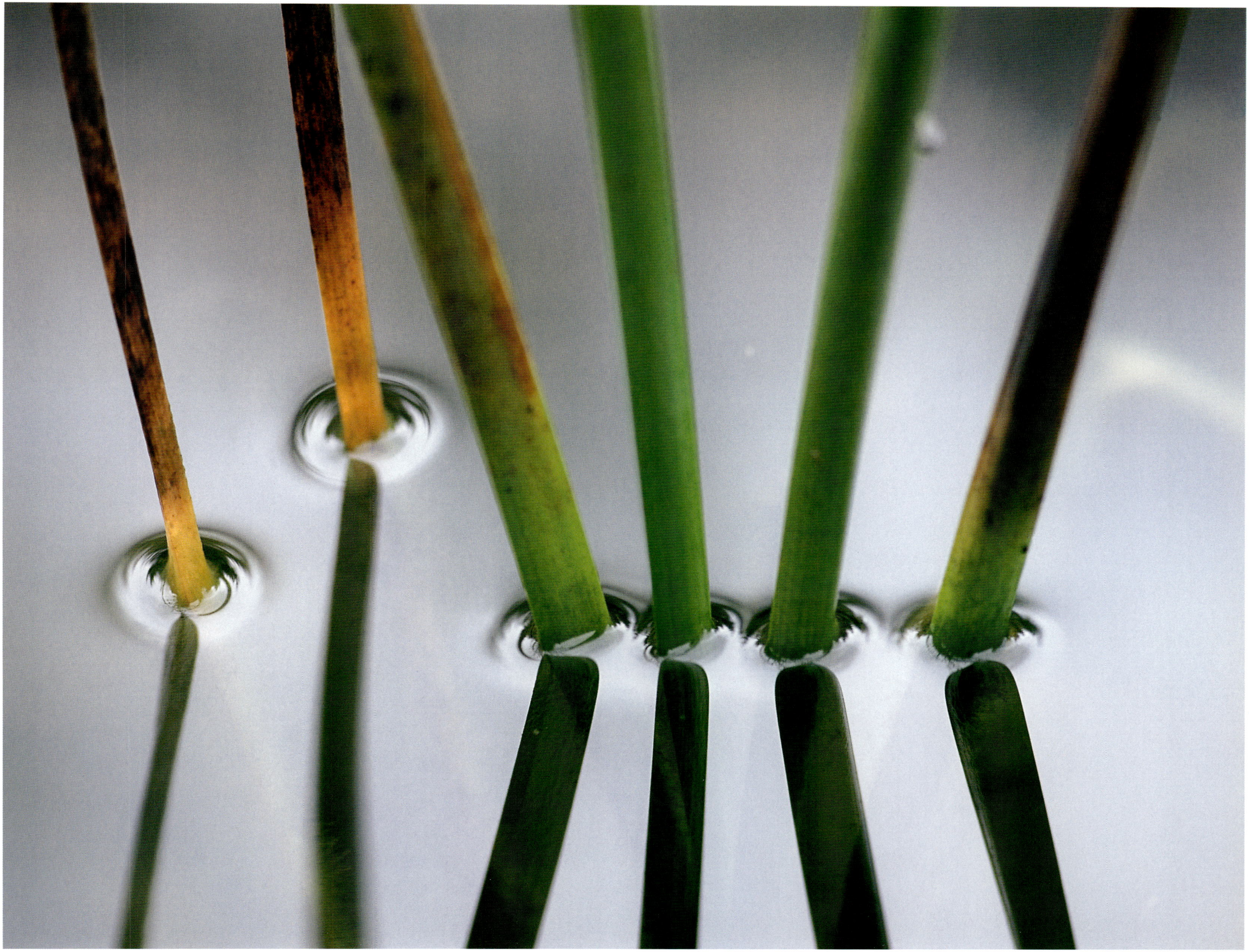

WASSER

54

Zwei Tauchspezialisten: Der seltene, bunt schillernde Eisvogel (in den Ahrauen porträtiert) erbeutet kleine Fische und Kaulquappen; die weit häufiger anzutreffende Wasseramsel (hier am Schwarzenbach bei Auer) stochert im Bachbett nach Insektenlarven.

WASSER

Libellen schlüpfen aus unscheinbaren Larven, die auch mehrere Jahre räuberisch am Teichgrund leben. Die vier filigranen, unabhängig voneinander steuerbaren Netzflügel machen sie zu wahren Flugakrobaten und vortrefflichen Insektenjägern.

Ihrem Namen alle Ehre macht die Blauflügel-Prachtlibelle in ihrer Tauperlenrobe (links), die im ersten Strahl der Morgensonne schillert.

WASSER

WASSER

WASSER

Gerettete Naturparadiese: das Schilfbiotop des
Kalterer Sees in pastellfarbenen Herbsttönen und
die See- und Teichrosenblüte am Fennberger See.

Die vorwiegend in feuchten Wäldern und Wiesen
lebenden Grasfrösche kehren – wie alle Lurche – zum
Laichen in ihr Geburtsgewässer zurück. Zur Hochzeit
erscheinen sie prächtig ausstaffiert – statt „ganz in
Weiß" lieben sie es jedoch bunt.

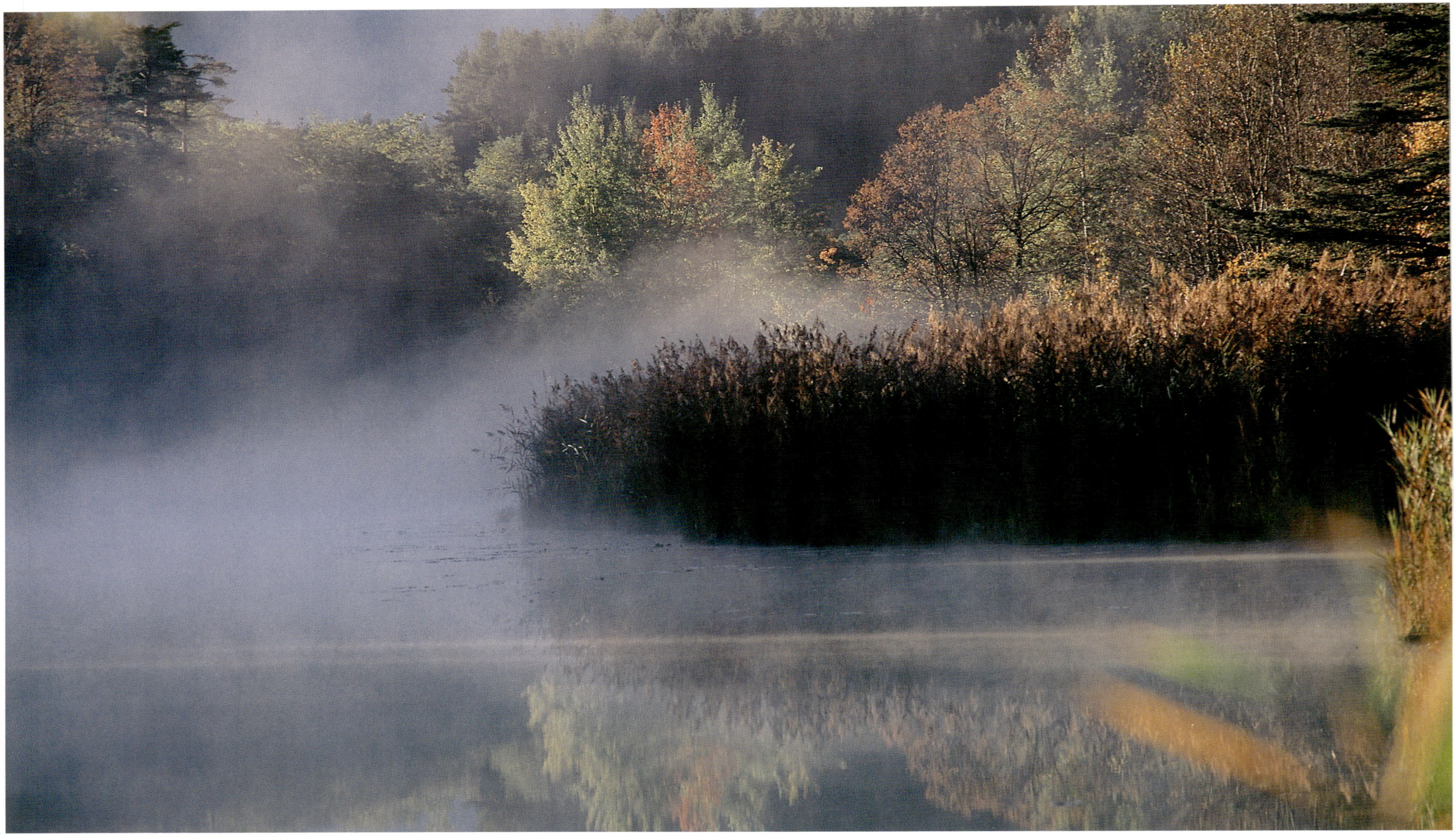

Wenn der sommerliche Badeansturm sich verzogen
hat und herbstliche Frühnebel den Vahrner See
verzaubern, beginnt die Saison der Naturliebhaber.

Früh aufzustehen lohnt sich: Nach einer kühlen Nacht
schimmern zwischen den Zweigen in der Morgensonne
für kurze Zeit die allerfeinsten Tauperlengewebe.

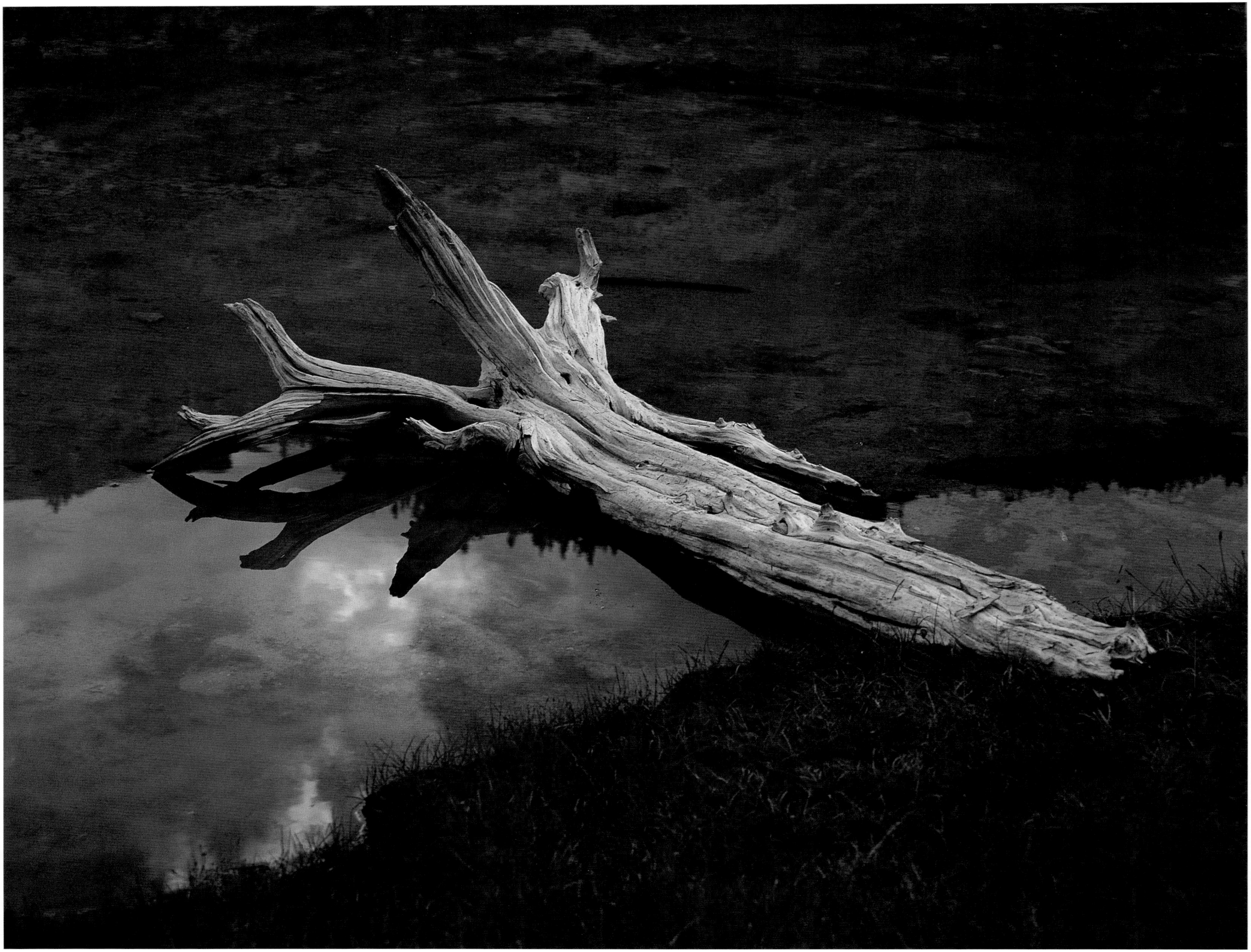

Nicht die Zeit vergeht, sondern wir.

Wo die Natur noch vom Menschen unbehelligt ist: Schon seit „ewigen Zeiten" verwittert dieser von einer Lawine herabgeschleuderte Zirbenstamm am Ufer des Mitteralpsees hoch über Toblach im Naturpark Sextner Dolomiten.

Einem ständigen Wandel ist dieses Gletschervorfeld in der Ortlergruppe im Nationalpark Stilfser Joch unterworfen.

WASSER

Welche Farbe hat das Wasser?
Eisack im Abendrot und Flusslandschaft in
der beinahe unzugänglichen Rienzschlucht
hinter Brixen.

WASSER

65

Immer wieder fasziniert der Gegensatz und das
Zusammenspiel von hartem beharrenden Stein und
dem weichen strömenden Wasser.

WASSER

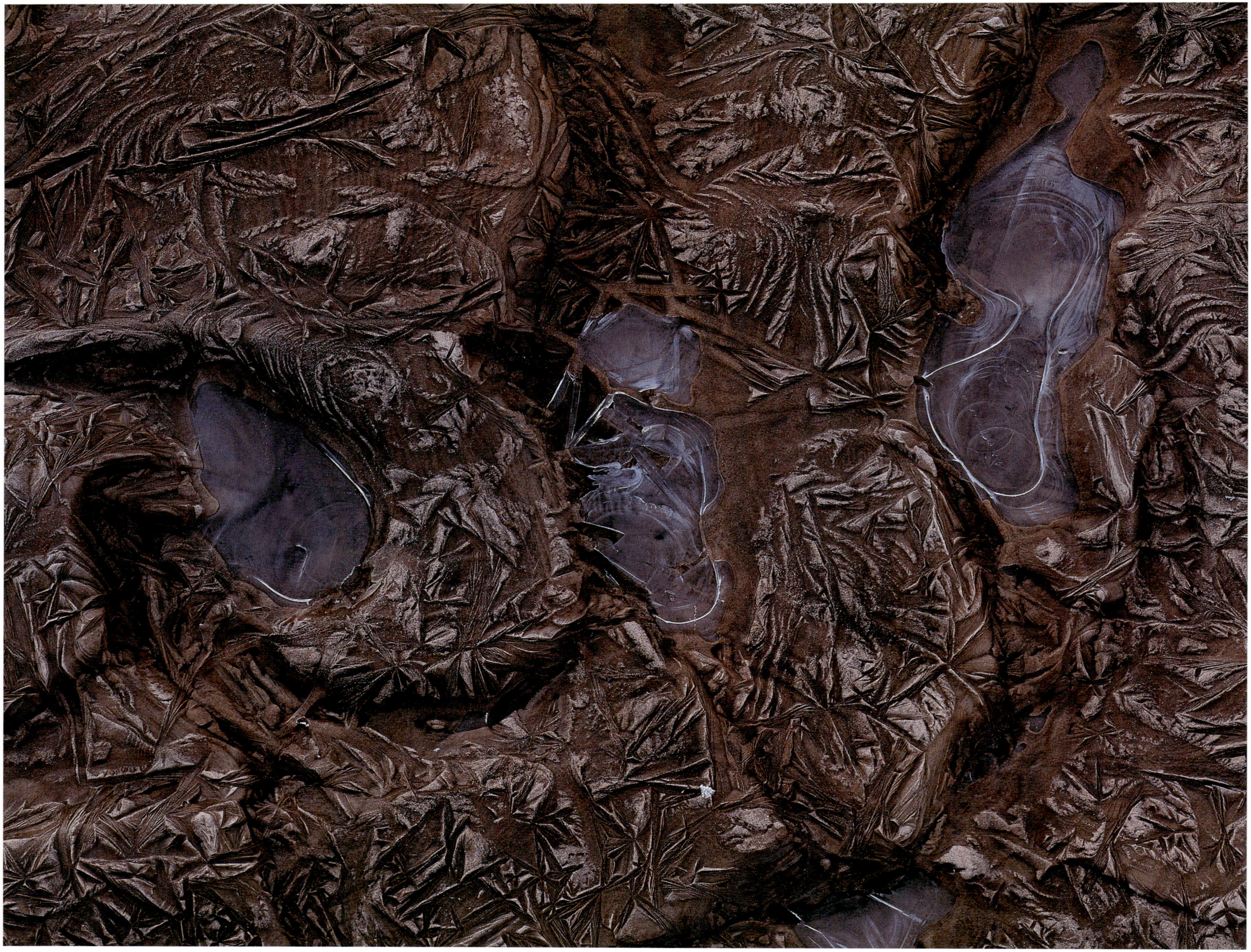

WASSER

Der Frost einer klirrend kalten Winternacht zeichnet
merkwürdige Strukturen in den Schlamm.

Die reiherartige Rohrdommel hält sich nur auf Durchzug
im Schilfbiotop des Kalterer Sees auf. Meist verrät
nur ihr dumpfer Ruf, der ihr den Namen „Moorochse"
eingetragen hat, ihre heimliche Anwesenheit.

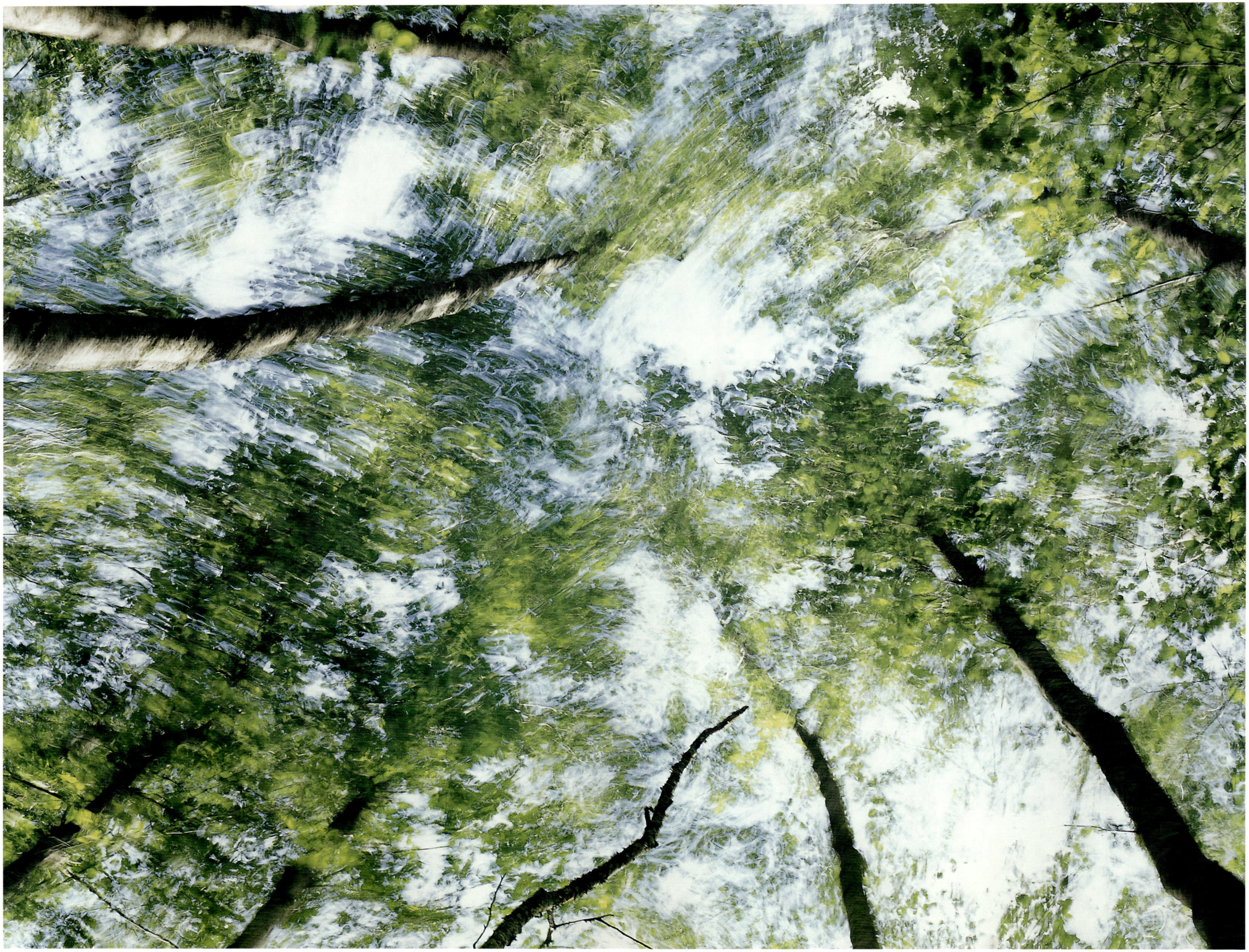

WALD

Wann haben Sie das letzte Mal auf dem Rücken liegend mit allen Sinnen einen Wald auf sich wirken lassen? Den weichbemoosten Boden, die angenehme Frische in heißen Sommern, den Duft von Pilzen und Harz, das Summen der Insekten, das Zwitschern der Vögel, die Effekte des Dämmerlichts im Laub, das Spiel des Windes in den Wipfeln (wie unser Fotograf hier im Grauerlen-Auwald des Biotops Rasner Möser)? Und nicht zuletzt die eigene Kleinheit unter diesen Riesen-Wesen, die zehnmal älter werden können als wir?

Die heutigen Waldgesellschaften der Erde sind das Ergebnis einer 200 Millionen Jahre währenden biologisch-genetischen Entwicklung. Im Alpenraum wurde die Entwicklung der Waldböden immer wieder von Eiszeiten unterbrochen. Als vor 12 000 Jahren die letzte Eiszeit zu Ende ging, setzte – mit den Pionierpflanzen der arktischen Tundra – langsam die Wiederbesiedlung und Konsolidierung der Böden ein. Krönender Abschluss dieser Entwicklung waren die Urwaldgesellschaften.

Ein vielfältiger Mischwald ist das natürliche, sich stets erneuernde Endstadium der Vegetationsentwicklung – eine Art Perpetuum mobile, das ohne Zutun des Menschen in einem dynamischen Gleichgewicht zwischen Wachsen und Absterben verläuft und darüber hinaus – in den in Jahrtausenden reifenden Waldböden – das wahre „Biokapital" der Erde aufbaut. Darauf erst konnte der Mensch Wiesen und Äcker für sein tägliches Brot anlegen. Nicht zuletzt deshalb hatte der Wald in den meisten Naturreligionen geradezu sakrale Bedeutung. In den „heiligen Götterhainen" sprachen die Priester mit dem Schöpfer.

Wir laufen Gefahr, „vor lauter Bäumen den Waldboden nicht zu sehen", welcher pro Quadratmeter Millionen von Organismen beherbergt. Deren aufeinander abgestimmtes Zusammenwirken ist Garant für optimale Wachstumsbedingungen und für die unersetzlichen ökologischen Wohlfahrtswirkungen des Waldes auf Wasser- und Klimahaushalt, Bodenstabilität und Luftregeneration, für Lawinenschutz und Rohstofferzeugung, bis hin zum immer wichtiger werdenden Erholungswert für uns technikmüde Menschen.

Ein naturnaher Wald ist im Allgemeinen gekennzeichnet durch den kleinräumigen Wechsel von Jung- und Altholz mit reichem Unterwuchs in der Moos-, Kraut- und Strauchschicht und vielfältiger Baumartenmischung. Das abgestorbene Holz ist der eigentliche „Treibstoff" und Energielieferant für Bakterien und Pilze, Algen, Flechten, Moose, Blütenpflanzen, Würmer, Schnecken, Insekten bis hin zu den Vögeln und Säugetieren am Ende der Nahrungskette. Über siebzig Vogelarten brüten in unseren Wäldern, für die vielen Höhlenbrüter sind morsche Altbäume unersetzlich. Etwa ein Viertel der heimischen Käferarten leben von totem Holz, das von Hefepilzen in ihrem Darm aufgeschlossen wird. Der „unordentliche" Wald ist deshalb ein positives ökologisches Qualitätszeichen.

Südtirol ist zu 42 Prozent von Waldgesellschaften bedeckt, wobei wir eine mehr oder minder deutliche Höhenstufung beobachten. Der artenreiche submediterrane Buschwald an den tiefer gelegenen Talhängen bezeugt den Einfluss des milden Mittelmeerklimas. Auf Trockenböden folgen genügsame Föhrenwälder, in besseren Lagen Buchen und Tannen. Fichten und Lärchen prägen die eigentliche Bergwaldstufe. Die Zirbe markiert häufig die Waldgrenze, die bei etwa 2 000 Metern Meereshöhe liegt, wenngleich einzelne Bäume bis auf 2 500 Meter hochklettern, hinauf in den alpinen Krummholzgürtel von Latsche und Grünerle.

Alle unsere Wälder sind vom wirtschaftenden Menschen in verschiedenem Maße beeinflusst: Waldweide förderte die lichte Lärche, die Forstwirtschaft begünstigte die „ertragreiche" Fichte – und durch die neuzeitlichen Umweltbelastungen und vom Menschen verursachte Klimaänderungen haben wir vielerorts den Wald selbst zum Patienten gemacht. Schutzdekrete allein sind dagegen machtlos. Da müssen wir schon selbst etwas tun – oder besser noch: einiges unterlassen.

Der Wald ist mehr als die Summe seiner Bäume.

Magisch und geheimnisvoll wirken die weich
gezeichneten Bilder vom lichtarmen Waldboden:
Sporenkapseln eines Mooses und Kleinpilze.

WALD

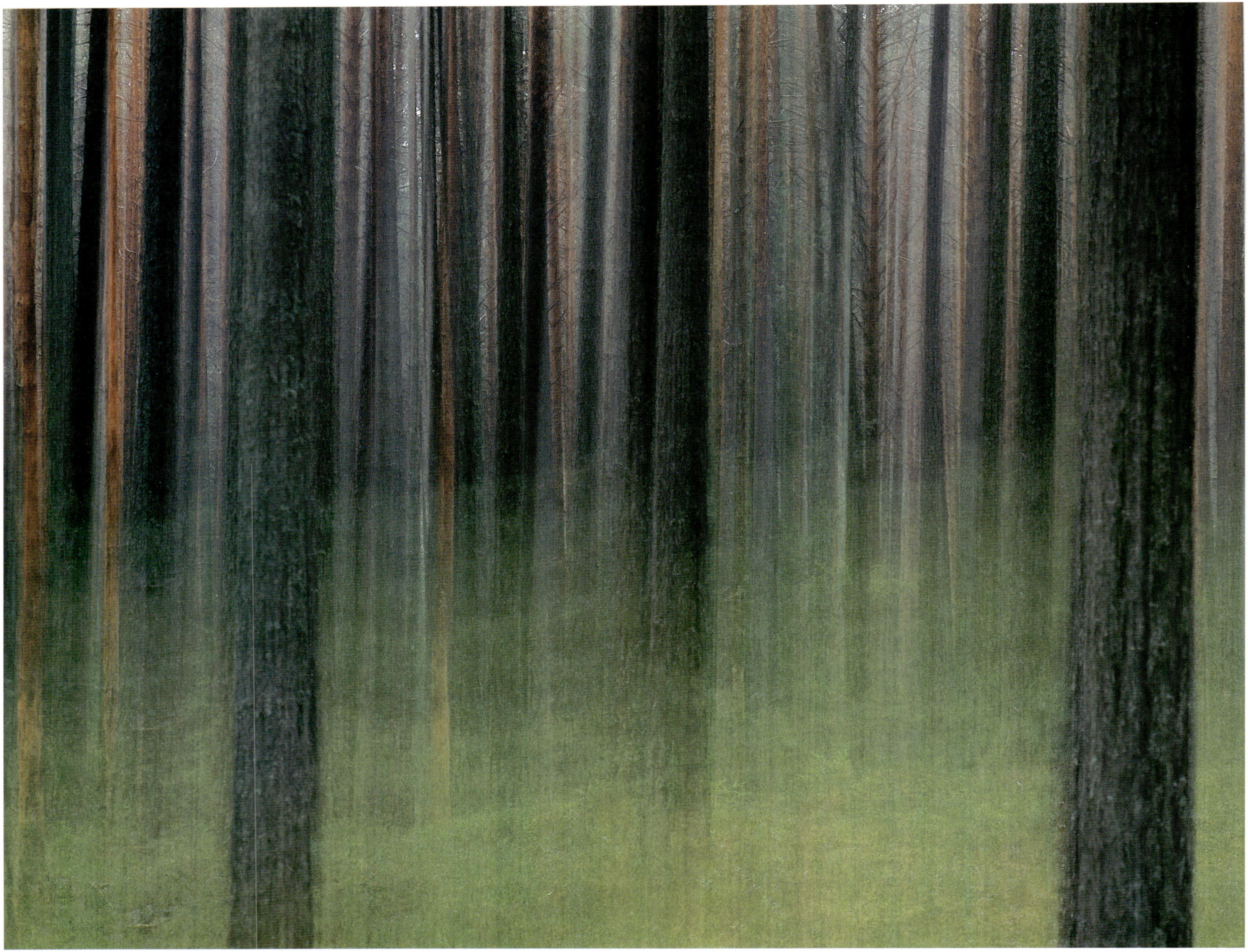

„Die Bäume sind die Säulen der Welt.
Wenn alle Bäume gefällt sind,
wird der Himmel auf uns herabfallen."
(Indianisches Sprichwort)

Kurz vor Sonnenaufgang erfüllt ein gleichmäßiges
Licht den gleichförmigen Föhrenwald bei Pfalzen.
Ein vertikaler Kameraschwenk lässt die Stämme
gleichsam aus dem Boden schweben.

Die Blätter der knorrigen Flaumeiche sind vergilbt;
umso auffälliger ist jetzt das grüne Winterkleid der
bemoosten Stämme. Im milden Süden Südtirols ist
die Winterruhe kurz, die Lebensvielfalt größer.

Große Geduld, schnelles Reaktionsvermögen, aber auch eine gehörige Portion Glück braucht es, um solche Begegnungen „in den Kasten" zu bekommen. Jungfuchs, Rehgeiß mit Jungtier, Baummarder.

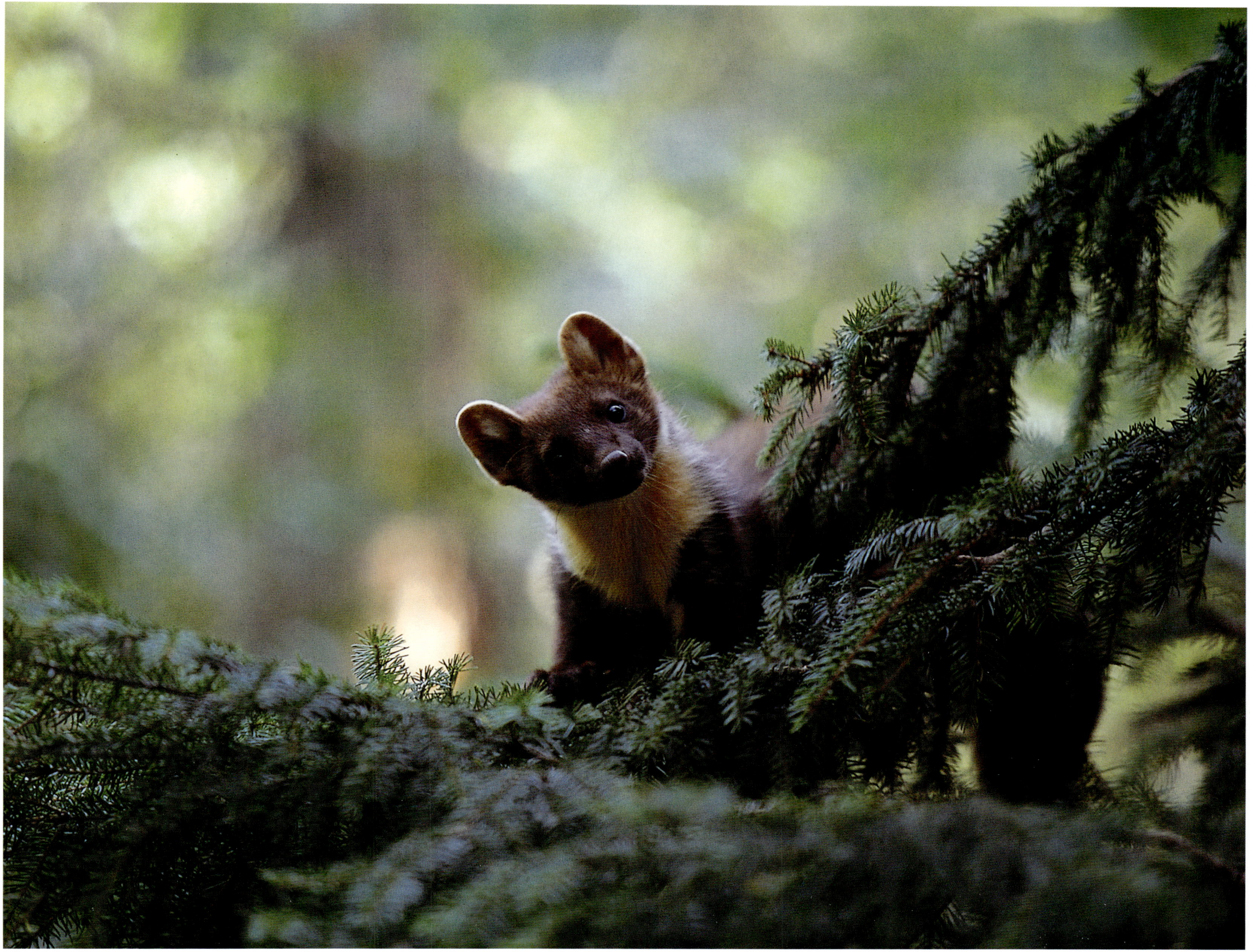

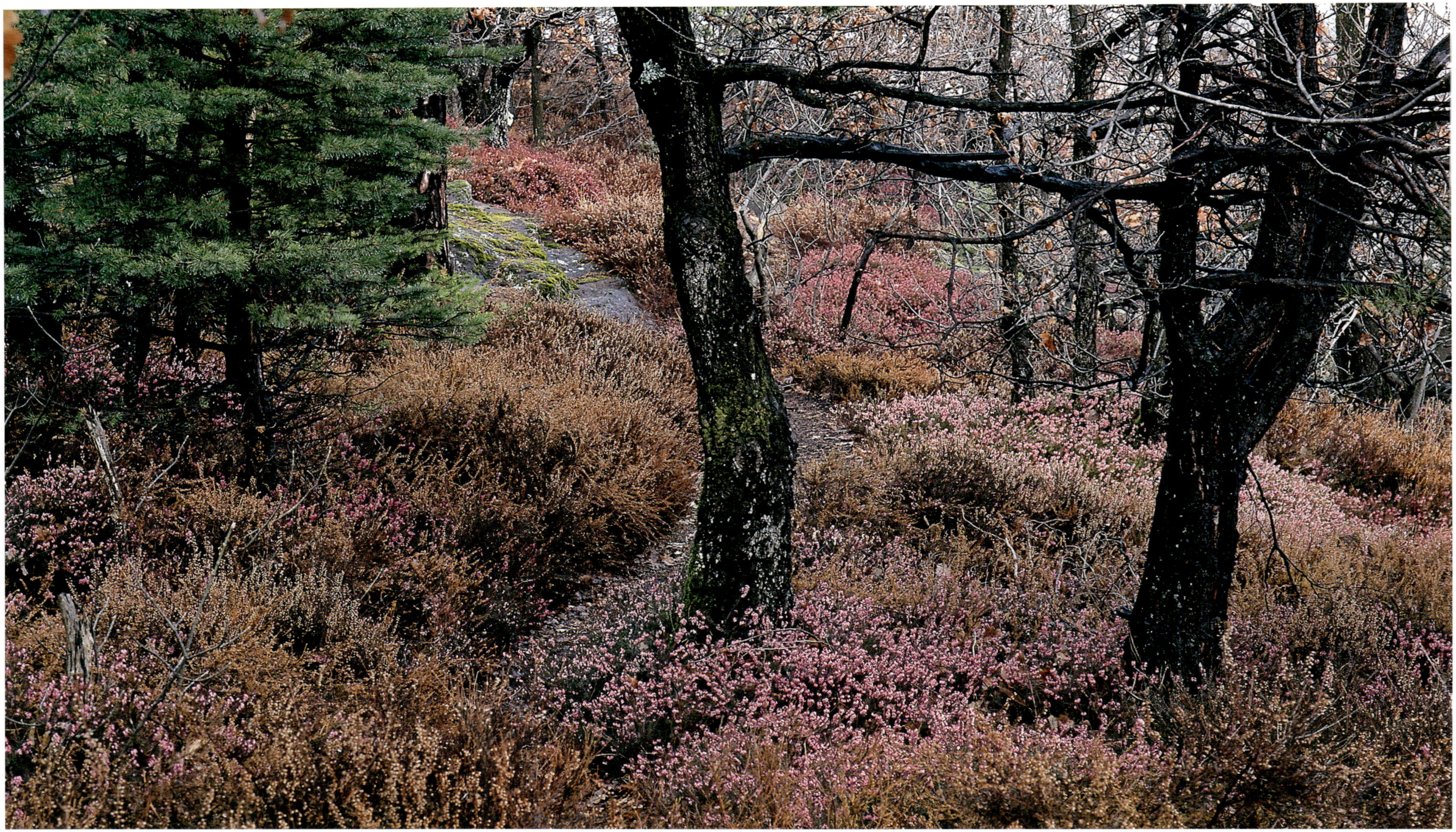

An regnerischen Tagen leuchtet das Rotlila der
Erika besonders intensiv aus dem noch kahlen
winterlichen Eichenwald.

Ein drolliger Winzling von Springspinne lauert
zwischen den Erikablüten auf Beute.

Das Wintergoldhähnchen lebt ausschließlich in
Nadelwäldern; das kunstvoll gewebte, kugelförmige
Nest wird für maximalen Liegekomfort sogar mit
feinsten Spinnennetzen gepolstert. Mit nur neun
Zentimetern vom Schnabel bis zur Schwanzspitze ist
es der kleinste einheimische Vogel.

Werden im Vergehen. Die fortschreitende Erosion
der Eiszeitmoränen am Ritten spült immer wieder neue
Erdpyramiden frei – und bringt sie schlussendlich
auch wieder zu Fall.

WALD

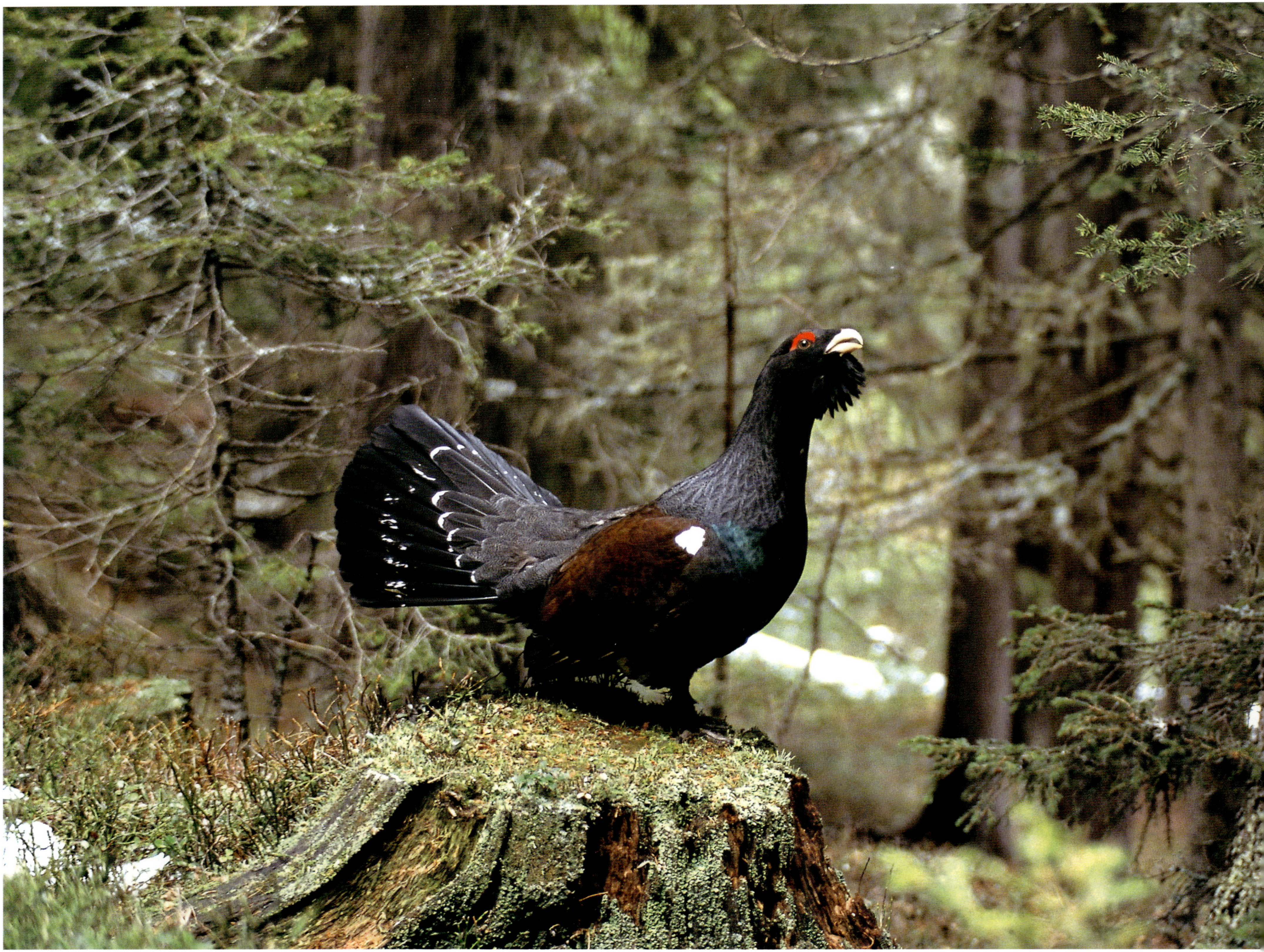

Oftmals war der Fotograf im kalten Morgengrauen
im noch winterlichen Wald auf die Pirsch gegangen,
bis endlich eines Tages dieser balzende Auerhahn
in voller urtümlicher Pracht auf einem Baumstrunk
vor der Kamera posierte.

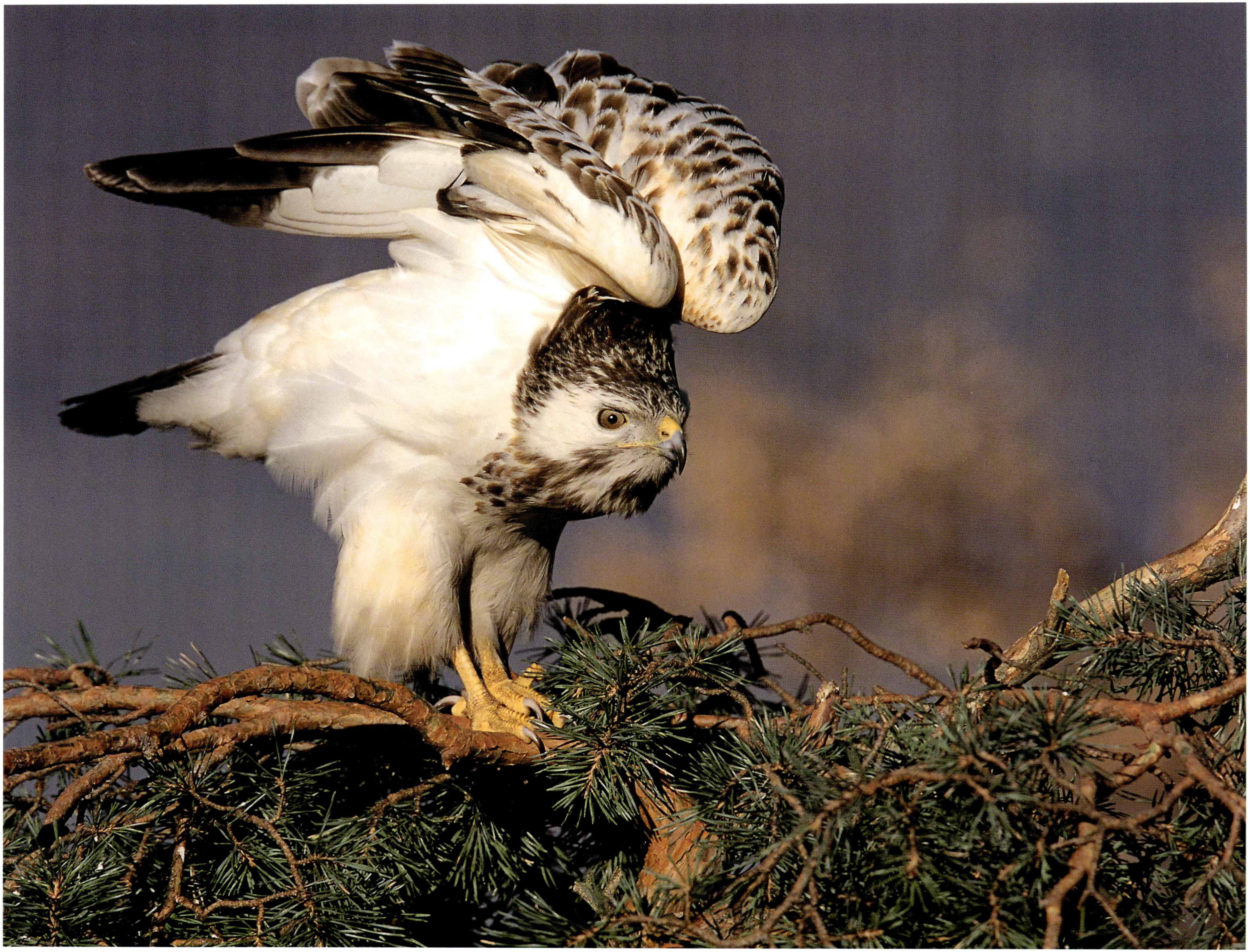

Ein Mäusebussard in auffällig hellem Federkleid
reckt sich nach einer kalten Winternacht zum Abflug.

Der Sperber jagt in aufgelockerten Gehölzbeständen
nach Kleinvögeln und Mäusen.

Der Waldkauz sitzt bei Tage – auf seine Tarnung
vertrauend – dicht am Baumstamm. Erst bei herein-
brechender Dämmerung wird er zur Jagd ausfliegen.

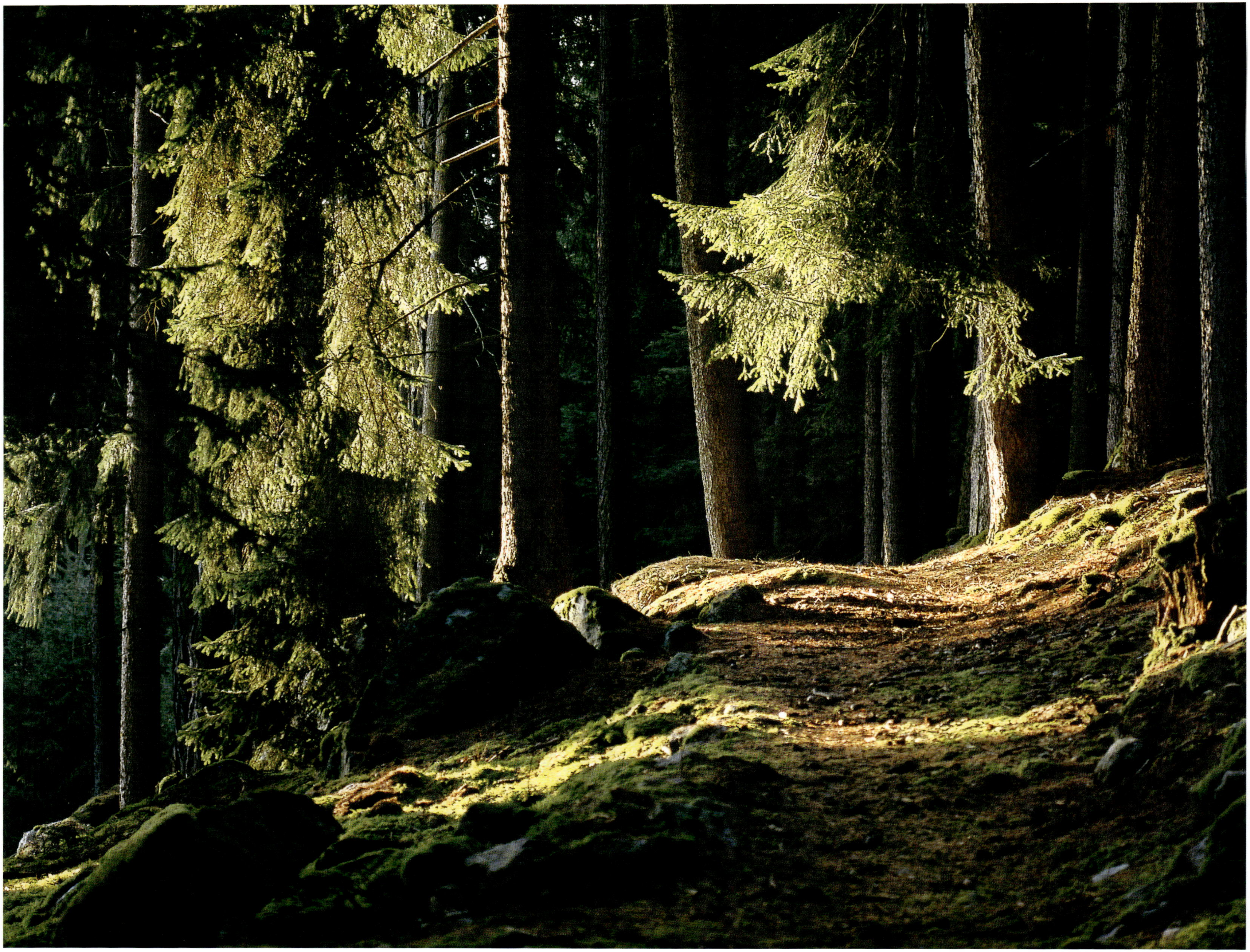

Die flach einfallende Abendsonne zaubert letzte Lichtmotive in den bereits dämmrigen Wald bei Pfalzen.

Eine der seltensten und rätselhaftesten Pflanzen: Die chlorophyllfreie Bananenorchis (Widerbart), die vom Moder des Fichtenwaldes zehrt, bleibt manchmal jahrelang aus.

WALD

88

Farbenprächtiger Verfall: Die Abbautätigkeit der Pilze verhindert, dass das Totholz im Wald sich zu Bergen türmt. Die darin eingelagerten Mineralstoffe werden so wieder dem Kreislauf der Natur zugeführt und stehen einer neuen Baumgeneration zur Verfügung.

Farbenprächtige Eleganz: Die seltene Frauenschuh-Orchidee bringt eine Ahnung von tropischer Opulenz in unsere heimischen Waldlichtungen.

„Vor lauter Bäumen den Wald(boden) nicht sehen"

Die auf den ersten Blick eklige Schmetterlingsraupe in ihrer wie von einem Goldschmied mit Edelsteinen geschmückten Galauniform.

Moossporen haben ihre „ökologische Nische" gefunden. Im Laufe von Jahren und Jahrzehnten wird das von Flechten „aufbereitete" Totholz von einem dicken weichen Moospolster überzogen werden.

Wiedergeburt des Lebens: Ein Mosaik aus extrem anspruchslosen und widerstandsfähigen Flechtenpionieren überzieht das abgestorbene Holz.

Momente des Lebens: Jahrelang haben die Hyphen dieses grellbunten Gallertpilzes im vermodernden Stamm Energie und Nährstoffe gesammelt. Schon nach wenigen Stunden kann die ganze Pracht wieder zu einer schleimigen Masse schrumpfen.

Selbst in winzigen, vergänglichen Holzpilzen offenbaren
sich harmonisches Design und Perfektion der Natur.

Wald bei Bruneck im Nebel. Es ist die Zeit, in der
der Mikrokosmos von Flechten, Pilzen und Moosen
zu vollem Leben erwacht.

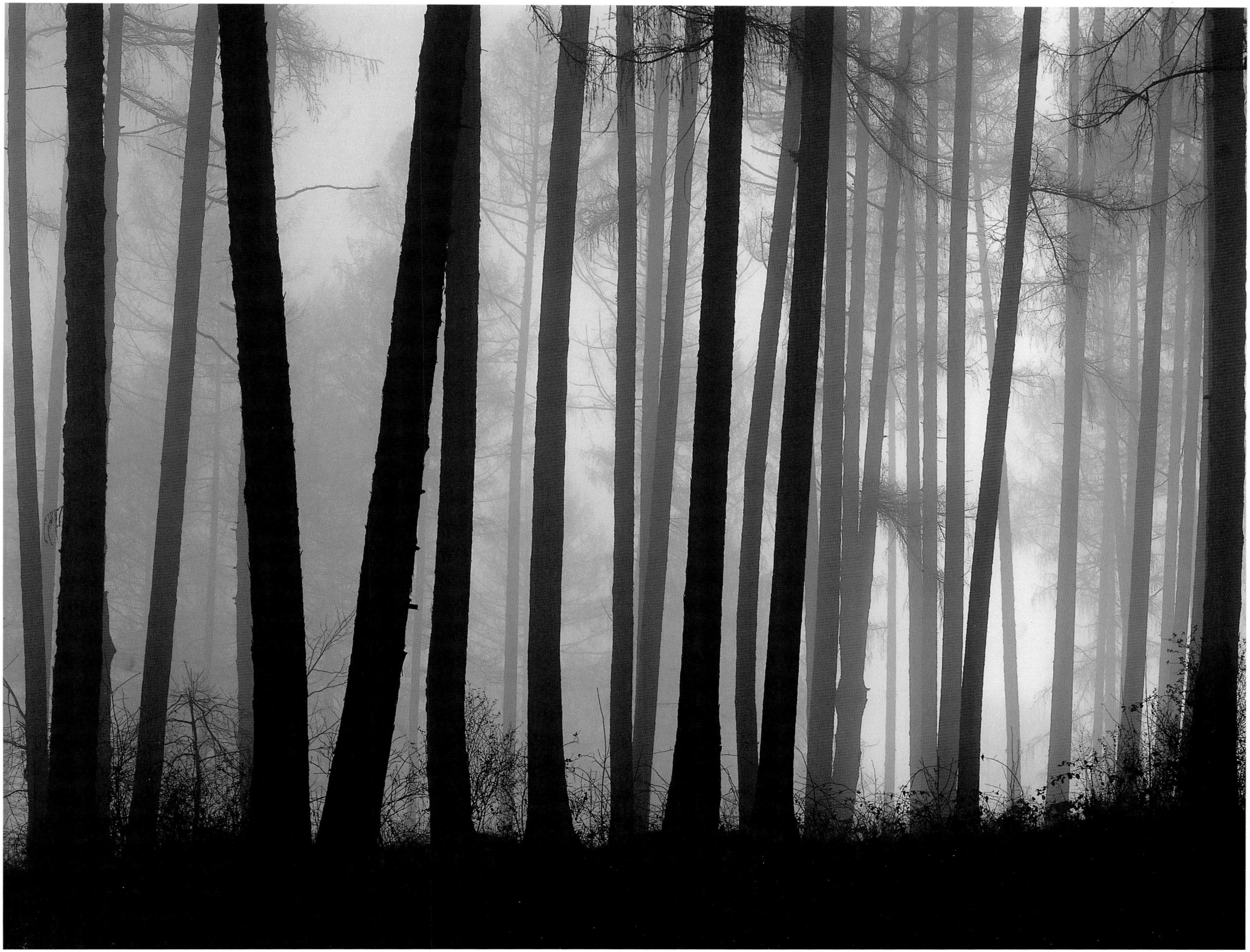

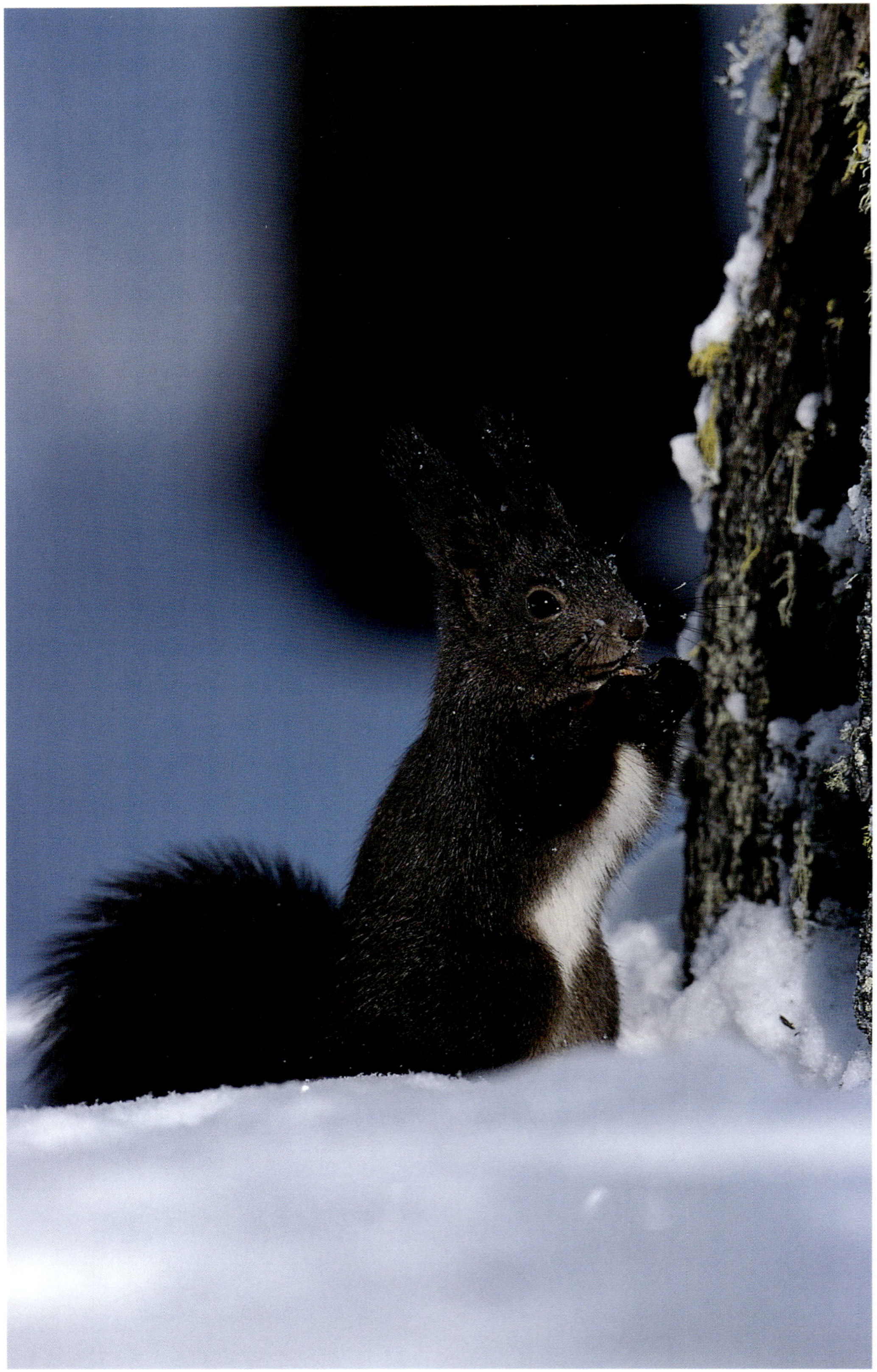

Wenn sich der Wald in einen Schneemantel hüllt,
muss das Eichhörnchen auf seine im Herbst angelegten
Nüssedepots zurückgreifen.

Föhrennadel mit Raureif: Selbst wo es nichts zu sehen
gibt, findet der Naturfotograf überraschende Motive.

Auch der Tannenhäher – im Südtiroler Dialekt
„Zirbengratsch" genannt – legt im Herbst hunderte
Nuss- und Samendepots an, die er im Winter
selbst unter einer meterhohen Schneedecke mit
traumwandlerischer Sicherheit wieder findet.

Die Erdpyramiden oberhalb von Percha im Pustertal
erscheinen wie geheimnisvolle angezuckerte
Erdmännchen in der winterlichen Nebelkulisse.

WALD

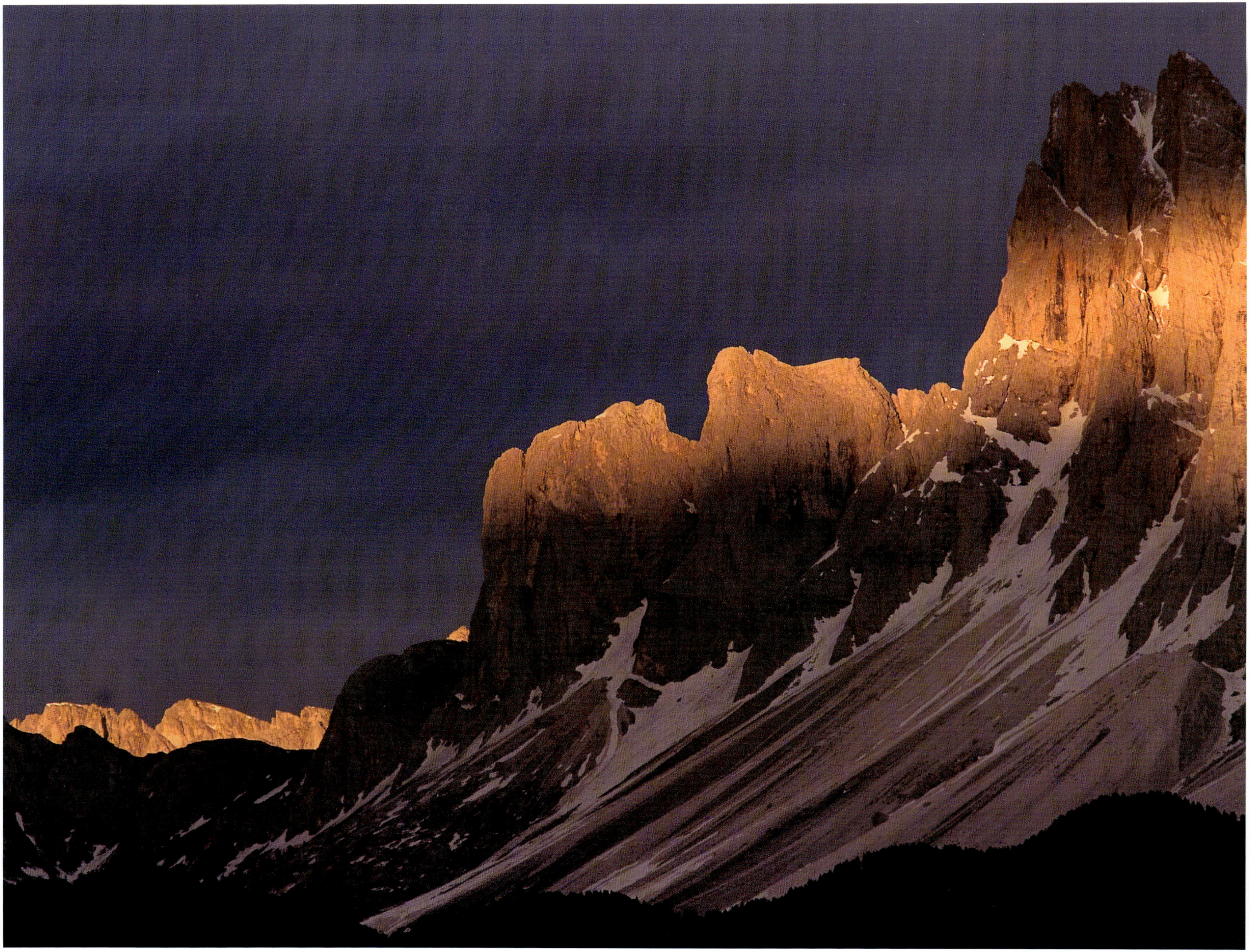

BERG

Wer von uns steht nicht überwältigt vor den im Sonnenaufgang oder -untergang leuchtenden Dolomiten? Wie nebenstehend vor den Villnösser Geislern im Abendlicht. Gerade das milde Licht des erwachenden oder zur Neige gehenden Tages fasziniert die Fotografen; dann herrscht hier oben Natur pur, dann sind die scheuen Tiere unterwegs und die meisten Menschen noch oder schon wieder unten im Tal.

Südtirol ist ein „Land der Berge". Das besingen nicht nur Heimatschnulzen, sondern ist von der nüchternen Statistik belegt: 86 Prozent des Landes liegen auf über 1 000 Metern Meereshöhe. Nur sechs Prozent beanspruchen die schmalen Talsohlen und die intensiv besiedelten Mittelgebirgsterrassen, wo 90 Prozent der Bevölkerung leben. Während Natur unten im Tal äußerst rar geworden ist, bilden die steilen Berghänge natürliche Barrieren gegen wirtschaftliche Ausbeutung und sind weitgehend echte Naturoasen geblieben.

Die Berge sind auch der Garant für die Vielfalt des Landes. Von der Stadt in die Natur, von der Sommerhitze in die Sommerfrische ist es nur ein Katzensprung. An einem einzigen Tag – etwa auf einer Wanderung von Meran in die Texelgruppe – kann man sämtliche Klimazonen von den Palmen bis in die arktische Tundra kennen lernen. In der „Horizontalen" müsste man dafür tausende Kilometer bis in den Norden Skandinaviens zurücklegen. Für die ums tägliche Überleben kämpfenden Bergbewohner allerdings war die karge Bergwelt früher unheimlich und voller Gefahren: Unheilvolle Gewitter brauten sich dort oben zusammen, Lawinen und Muren donnerten zu Tal. In Mythen und Sagen – Nachhall der ausgerotteten Naturreligionen – gelten die Berge als Sitz von Göttern und Dämonen, Riesen und Zwergen, Drachen und Hexen. Als Hirten stiegen die Bergbauern gerade so weit empor, wie Gras wuchs; als Jäger nur so hoch hinauf wie die Gämsen kletterten. Verständlich, wenn sie da den Kopf schüttelten über die Narreteien der ersten noblen Hochgebirgstouristen des 19. Jahrhunderts. Es kamen immer mehr – später sogar im kalten Winter, wo man ohne Notwendigkeit die warme Stube nicht verließ. Straßen brachten Verkehrslärm in die Stille, Almhütten wurden zu Hotels erweitert, Planierraupen walzten Pistenschneisen in den Wald, das Spinnennetz der Lifte und Seilbahnen umgarnte immer mehr Gipfel. Die neuzeitliche Bergkultur wurde zunehmend zur Unkultur, die einst „heiligen Berge" wurden zum Sportgerät profaniert.

Es wurde höchst an der Zeit, den überkommenen Zivilisationsbegriff zu überdenken. Nicht Rodung und Erschließung sind die Kulturleistungen unserer Zeit, sondern die Bewahrung der natürlichen Lebensgrundlagen unseres Planeten. Auch Südtirol hat reagiert. Ein Viertel der Landesfläche steht mittlerweile als Natur- bzw. Nationalpark unter Schutz.

„Überleben in einer unwirtlichen Umwelt." Das gilt nicht nur für die Bergbauern, sondern in noch höherem Maße für die Alpenpflanzen und -tiere, die bis ins Gletschervorfeld vorstoßen. Kälte, Stürme, intensive UV-Strahlung, lange Schneebedeckung, Lawinen und Erosion, hohe Temperatursprünge zwischen Tag und Nacht und eine Vegetationsperiode, die alle hundert Höhenmeter um eine Woche kürzer wird, haben viele Bergbewohner zu Überlebensspezialisten gemacht: Pflanzen mit Zwergwuchs, ledrige oder dicht behaarte Blätter, gedrängter Polsterwuchs, metertiefe Wurzeln, kräftige Blütenfarben, um die Aufmerksamkeit der wenigen Blütenbestäuber auf sich zu ziehen; Tiere, die sich im Winter ein schneeweißes Tarnkleid zulegen oder lebend gebärend werden – wie der winzige Alpensalamander, dessen Tragzeit bei ungünstigem Witterungsverlauf mit bis zu drei Jahren die des mächtigen Elefanten übertreffen kann.

Berge sind heute nicht nur unersetzliche Biotope für faszinierende Tiere und Pflanzen, auch für uns Menschen sind es nicht minder wertvolle „Psychotope", wo wir uns vom oft lebensfeindlichen Alltag in den Tälern an Körper und Seele erholen können.

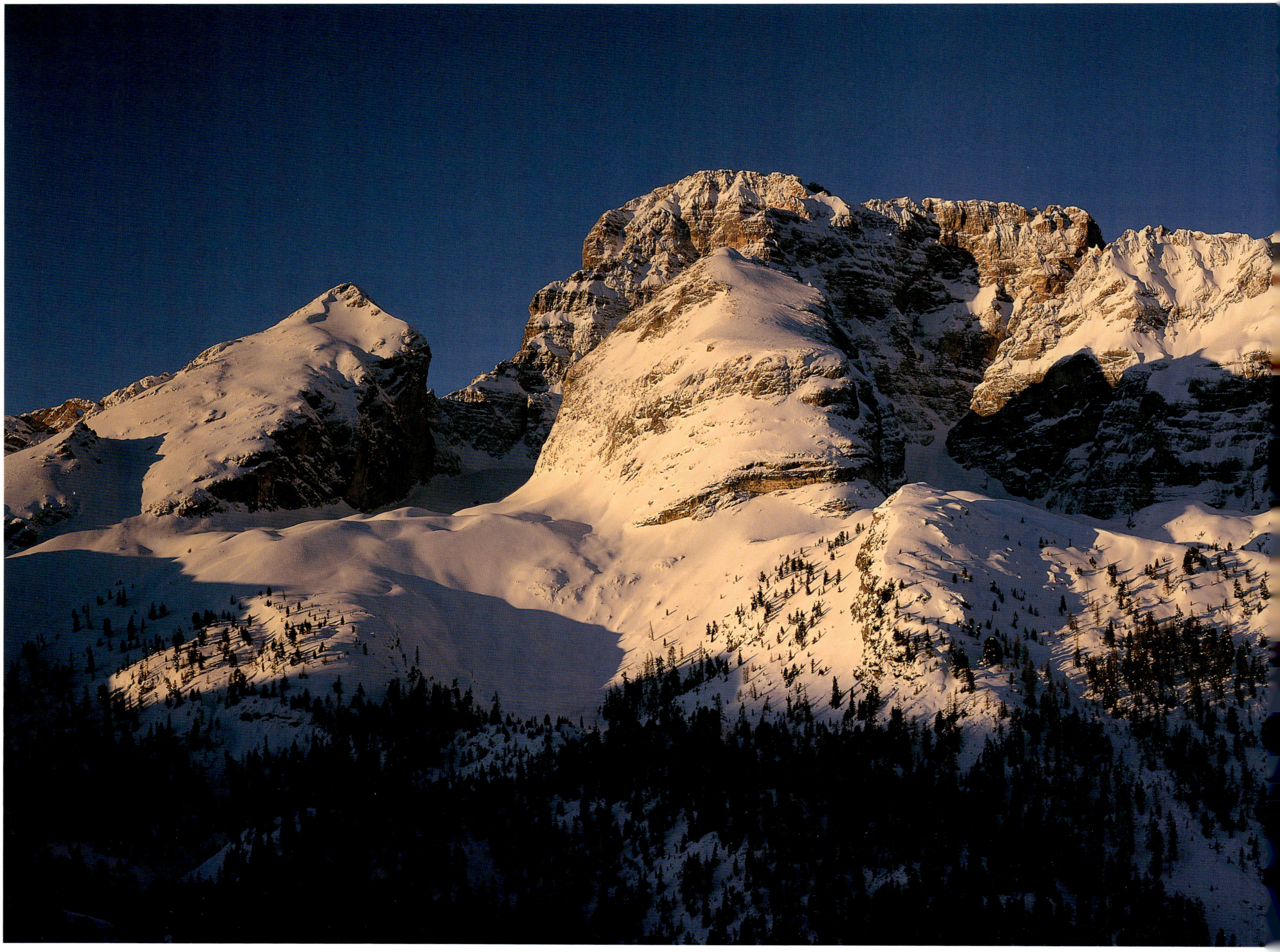

„Mein Herz schlägt mit der Ruhe,
die die Stille der Natur auslöst."
(Sufi Hazrat Inajat Khan)

Die winterliche Hohe Gaisl in den Pragser
Dolomiten im Mond- und Sonnenlicht.

Tagesanbruch an der Nordflanke des Monte Cristallo
hoch über dem Toblacher Höhlensteintal.

Nur perfekte Tarnung sichert dem wehrlosen Schnee-
huhn das Überleben im deckungsarmen Gelände über
der Waldgrenze: Dreimal im Jahr – für den Winter,
für den Sommer und für den Herbst – passt es das
Gefieder der Umgebung an!

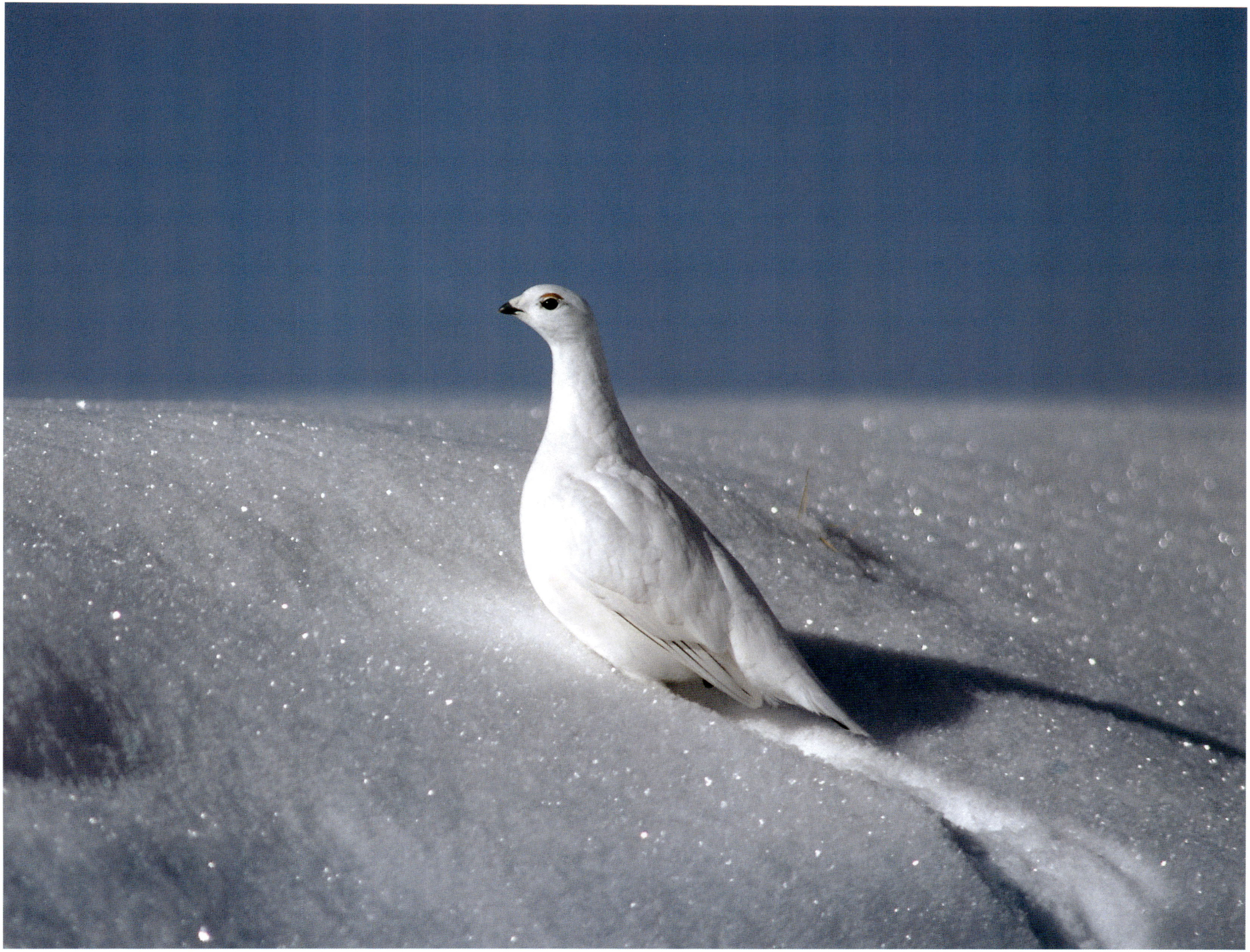

Das auf Mäuse und Vögel „spezialisierte" Hermelin möchte in der offenen Hochgebirgslandschaft ungern selbst zur Beute werden: Sein Fell wechselt von unscheinbar bräunlich im Sommer zu – bis auf die Schwanzquaste – schneeweiß im Winter und war unverzichtbarer Schmuck fürstlicher Roben.

Gämse im Schneetreiben. Zur Brunftzeit im November/Dezember kriegt man den Bock am leichtesten vor die Linse, da er dann nur mehr die Geißen im Kopf hat.

Das Schneetreiben in den Pragser Dolomiten
vermittelt einen Eindruck von der Unwirtlichkeit
und dem Überlebenskampf im Hochgebirge.
Schnee ist Gefahr – aber auch Schutz für alles,
was sich im Boden zurückgezogen hat.

„Nur wer bei jeder Witterung draußen ist, erlebt die Seele der Natur."

Schneetreiben, das matte Licht – aber auch die Kameraführung – verleihen den im Sommer so lieblichen Lärchenwiesen im Naturpark Sextner Dolomiten eine gespenstisch-entrückte Atmosphäre.

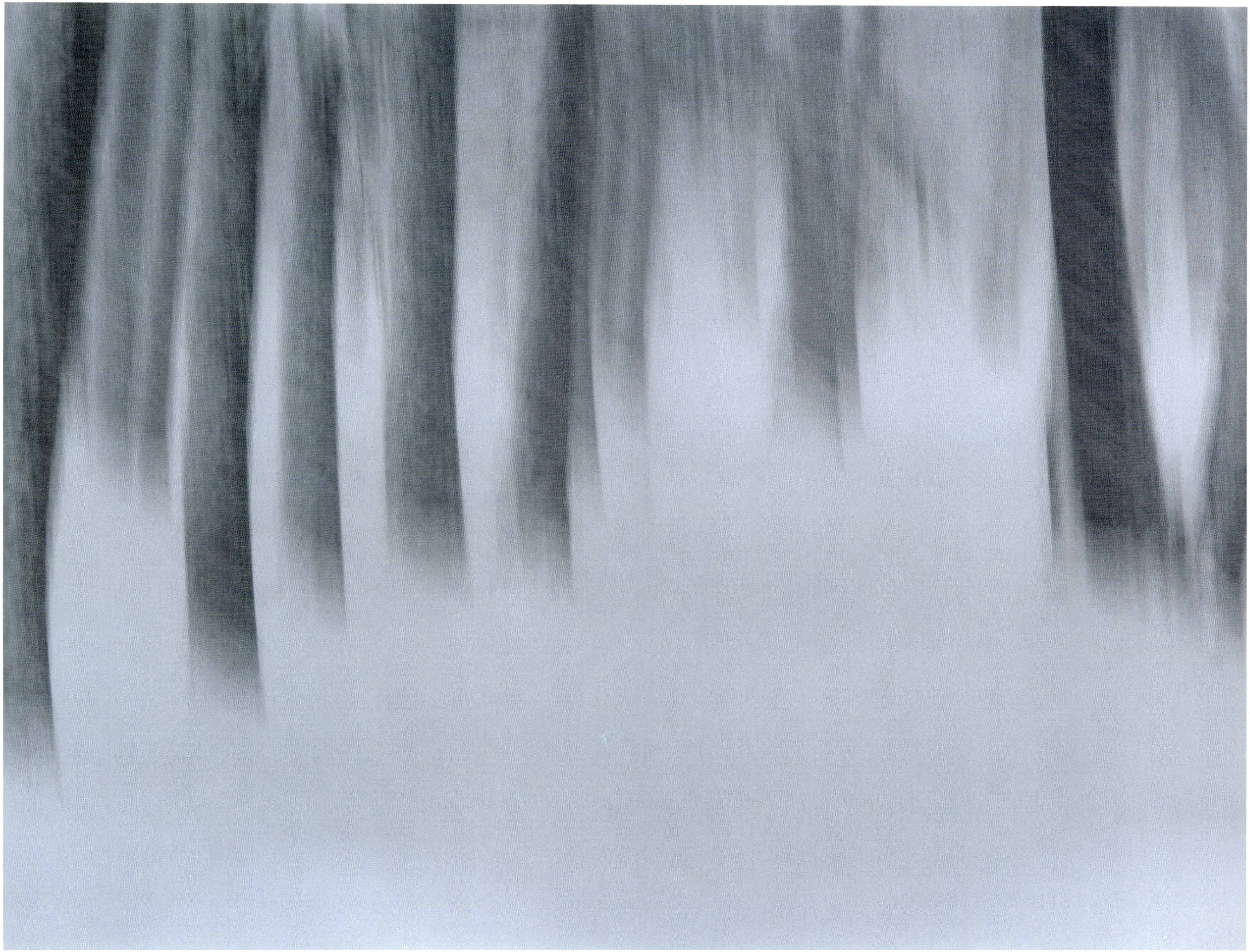

In seinem Tarnkleid vertraut der Alpenschneehase
darauf, als Schneerest wahrgenommen und nicht
vom Adler erspäht zu werden. Im Sommer ist sein
Fell grau-braun, im Herbst braun-weiß gefleckt.

Verhaltenes Licht schimmert durch den trüben Winterhimmel über dem Astjoch bei Ellen im Gadertal.

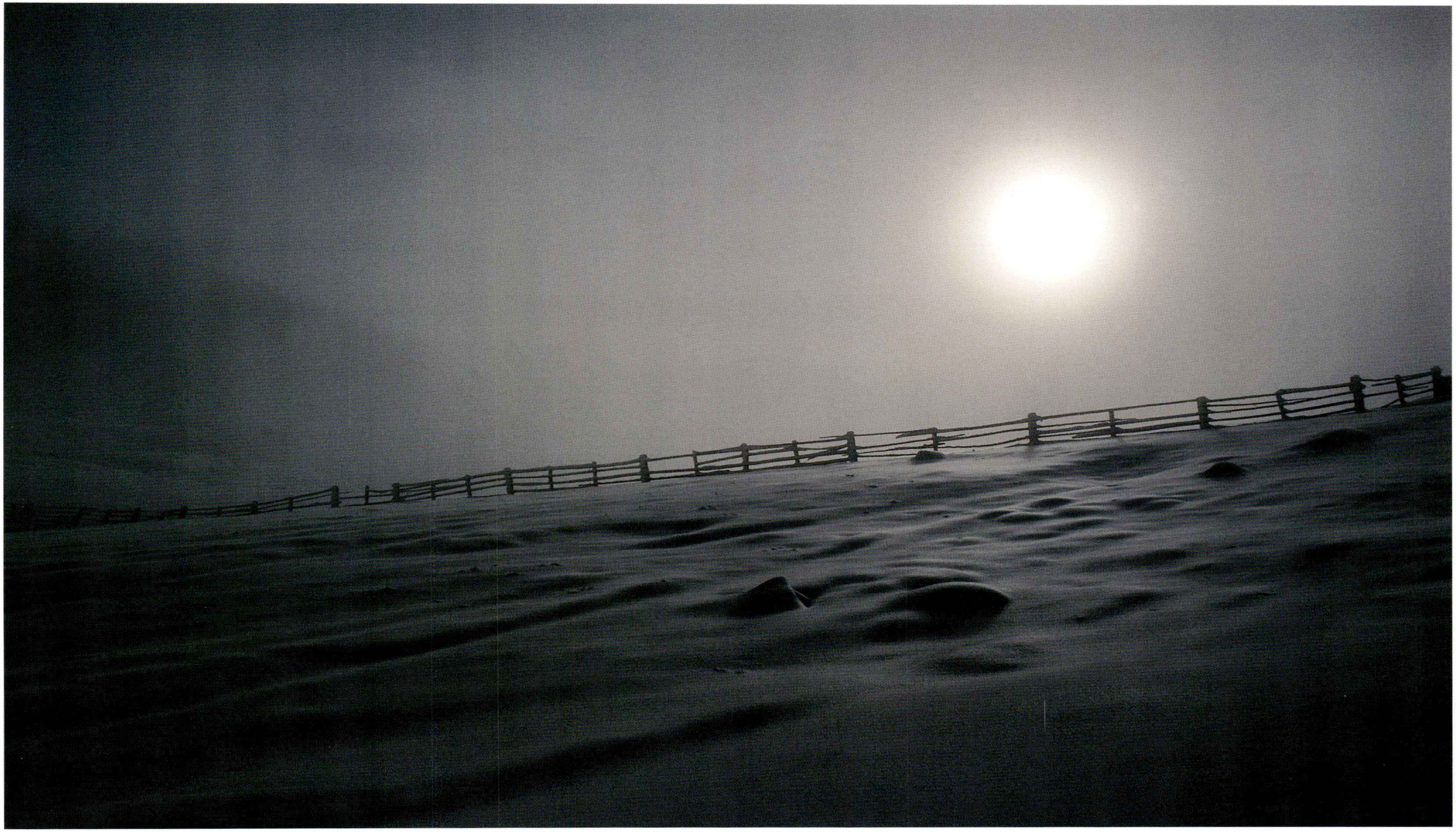

Frühlingsbeginn auf Gran Fanes in den Dolomiten.
Ruhe und Friede liegen noch über der Landschaft
zu Füßen des Ciastel de Fanes. Doch in ladinischen
Sagen lebt die Erinnerung an blutige Kämpfe um
das mythische Reich der Fanes und vor nicht einmal
hundert Jahren wütete hier tatsächlich ein grausamer,
sinnloser Krieg.

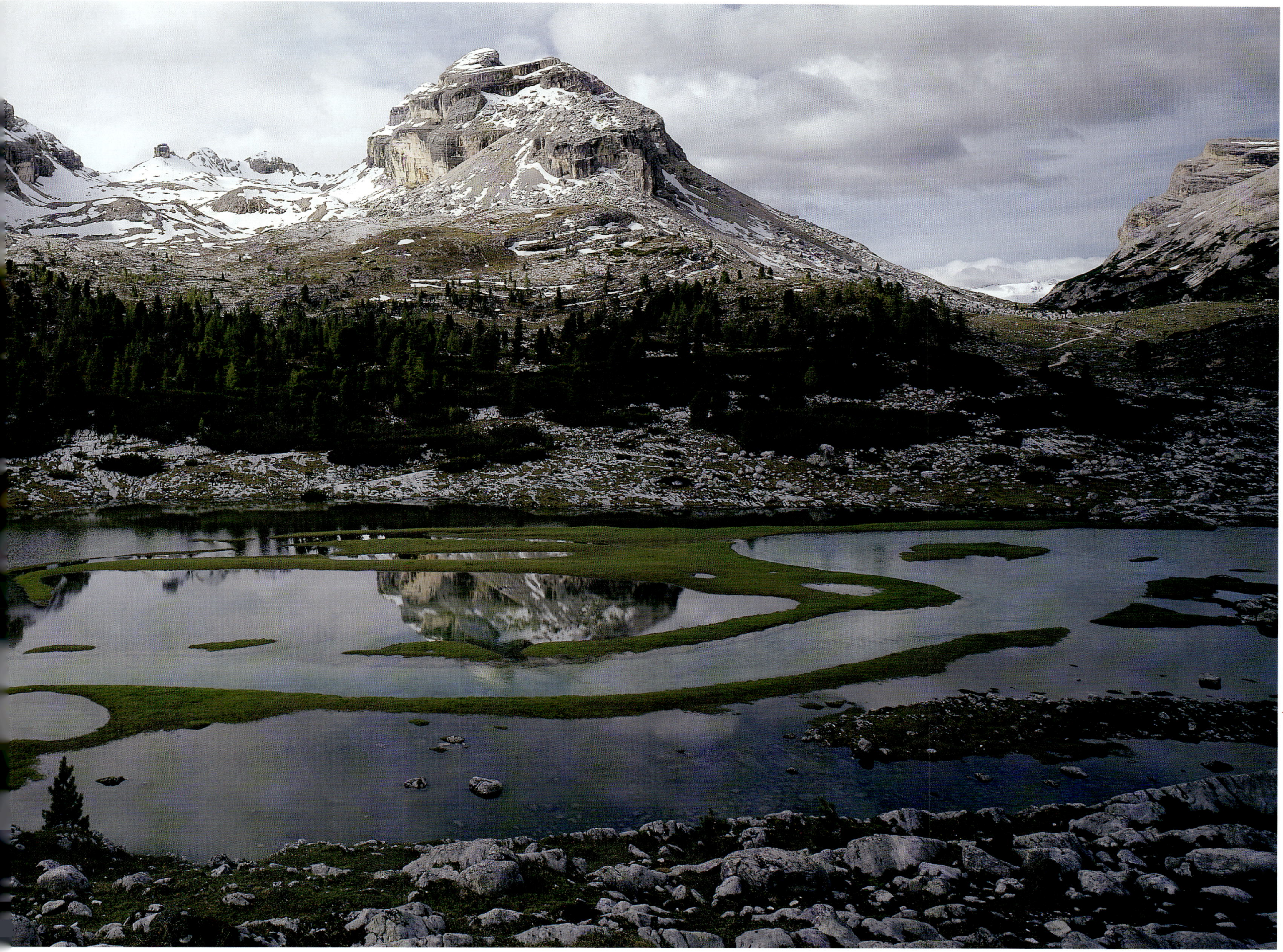

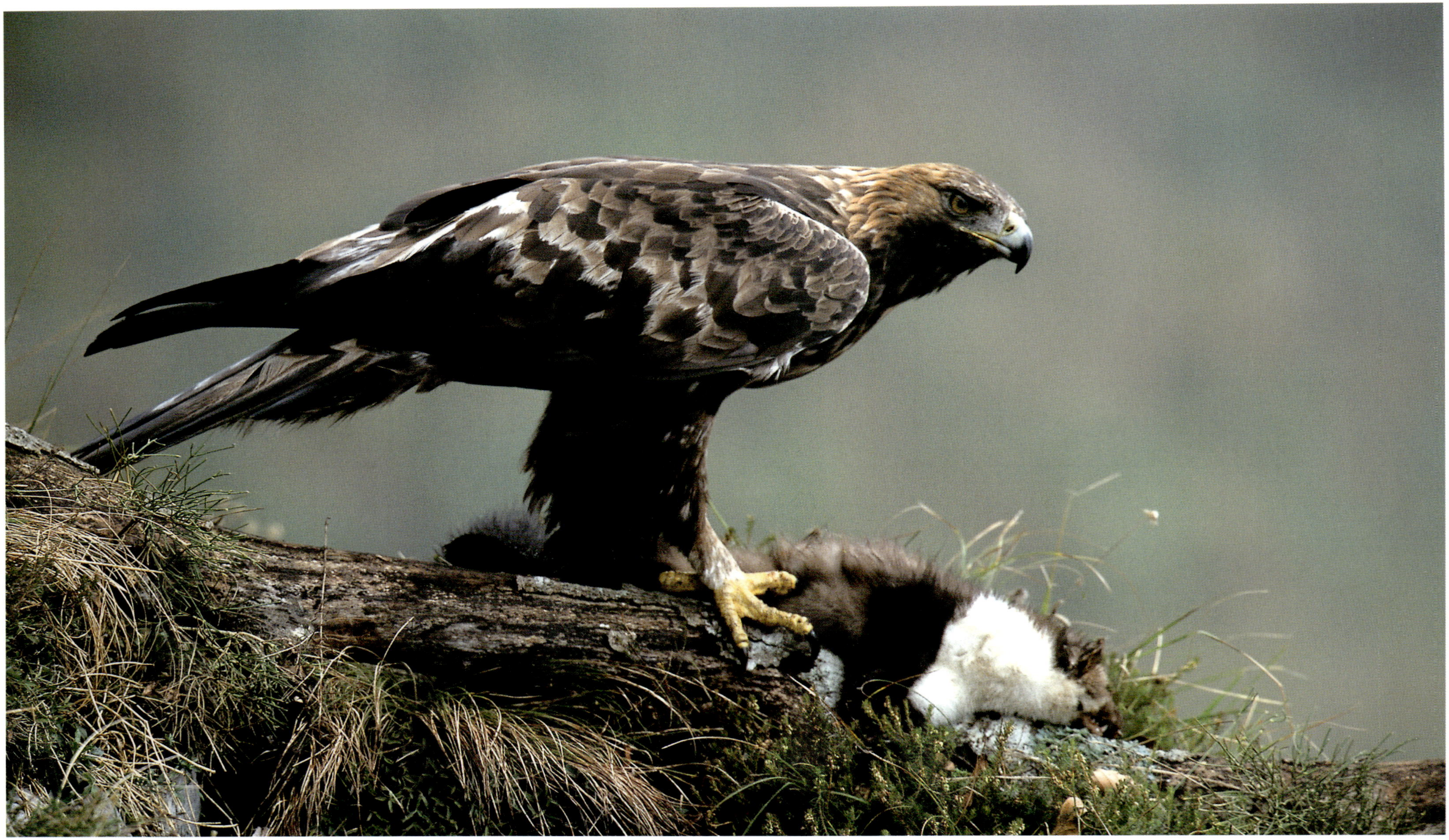

Vögel im Gebirge:

Steinadler mit erbeutetem Steinmarder.

Birkhahn beim Balztanz.

Steinschmätzer, der schon im August nach

Zentralafrika zurückkehrt.

„Wildnis ist eine Absage an die Arroganz des Menschen."
Aldo Leopold

Hoch oben im Naturpark Rieserferner-Ahrn – im Windtal
oberhalb von Prettau und im Puinland über St. Peter –
hat der Mensch der Natur noch nicht seinen Stempel aufge-
drückt. Ehemalige Karseen, die der Gletscher beim Rückzug
hinterlassen hat, konnten ungestört zu Mooren verlanden;
sie sind von mäandernden, fein sich verästelnden Gletscher-
bächen durchzogen.

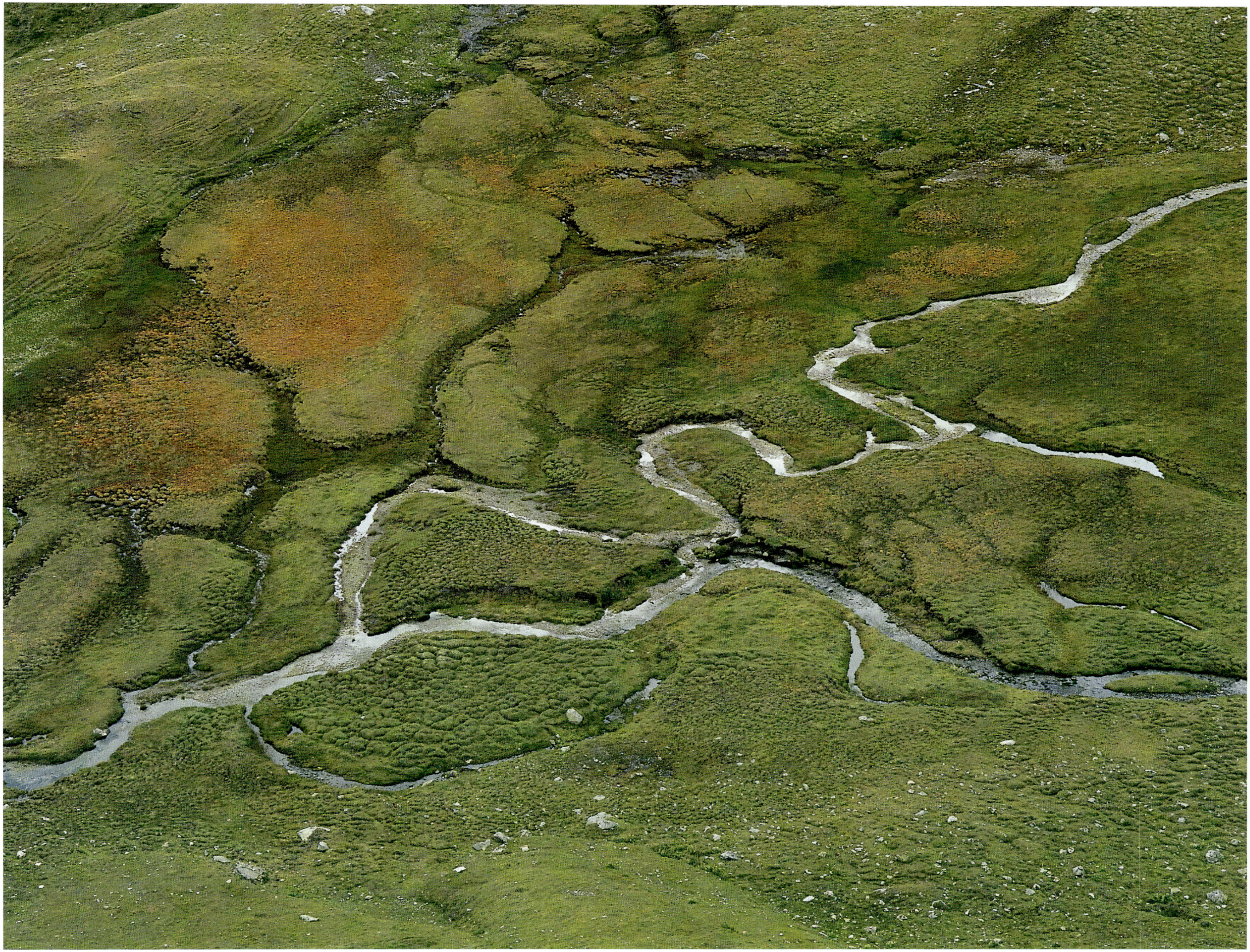

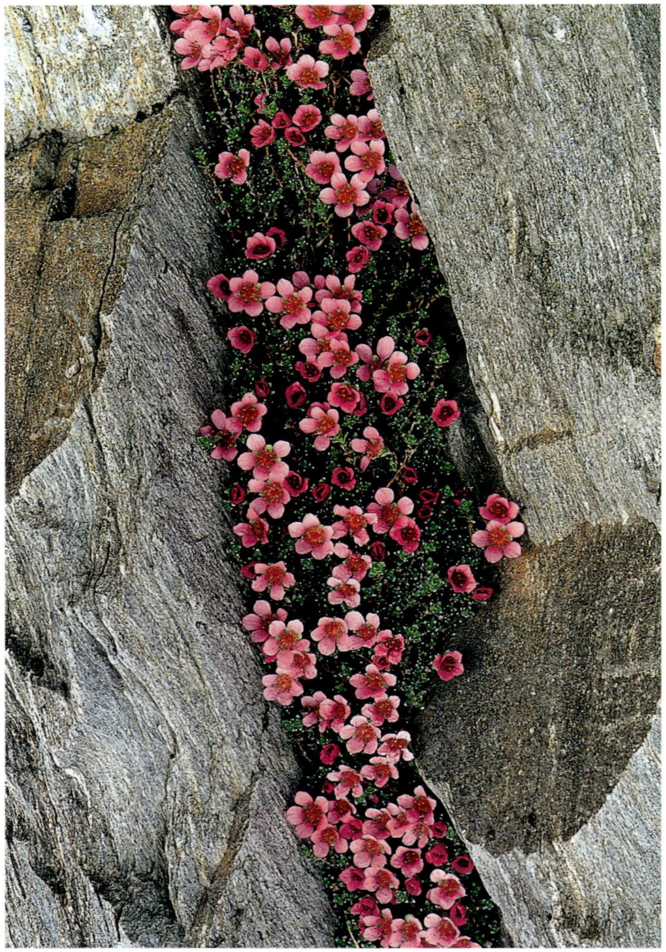

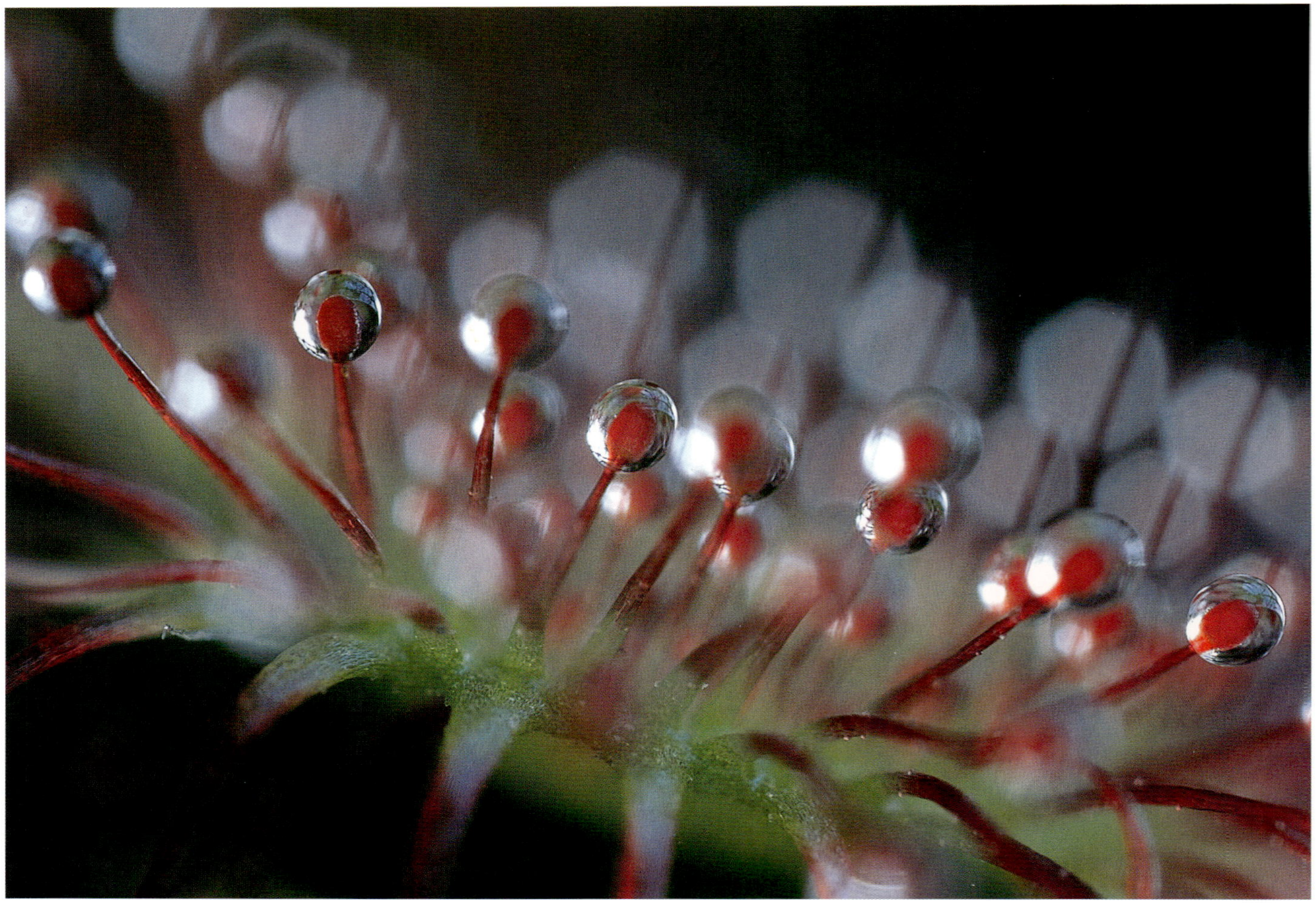

Im engen Felsspalt findet der Rote Steinbrech Schutz
und Nährstoffe.

Den Locktröpfchen des Fleisch fressenden Sonnentaus,
den wir auf nährstoffarmen Hochmooren finden, geht
manch ahnungsloses Insekt buchstäblich auf den Leim.

Die Essenz einer Blume: In samtener Duftigkeit
präsentieren sich Blütenblätter und Staubbeutel der
edlen Türkenbundlilie.

Die feine Zeichnung des Alpen-Heufalters setzt sich –
wie die rot-schwarze Augenattrappe auf dem Flügel
des Apollofalters – aus einem Mosaik abertausender
Farbschuppen zusammen.

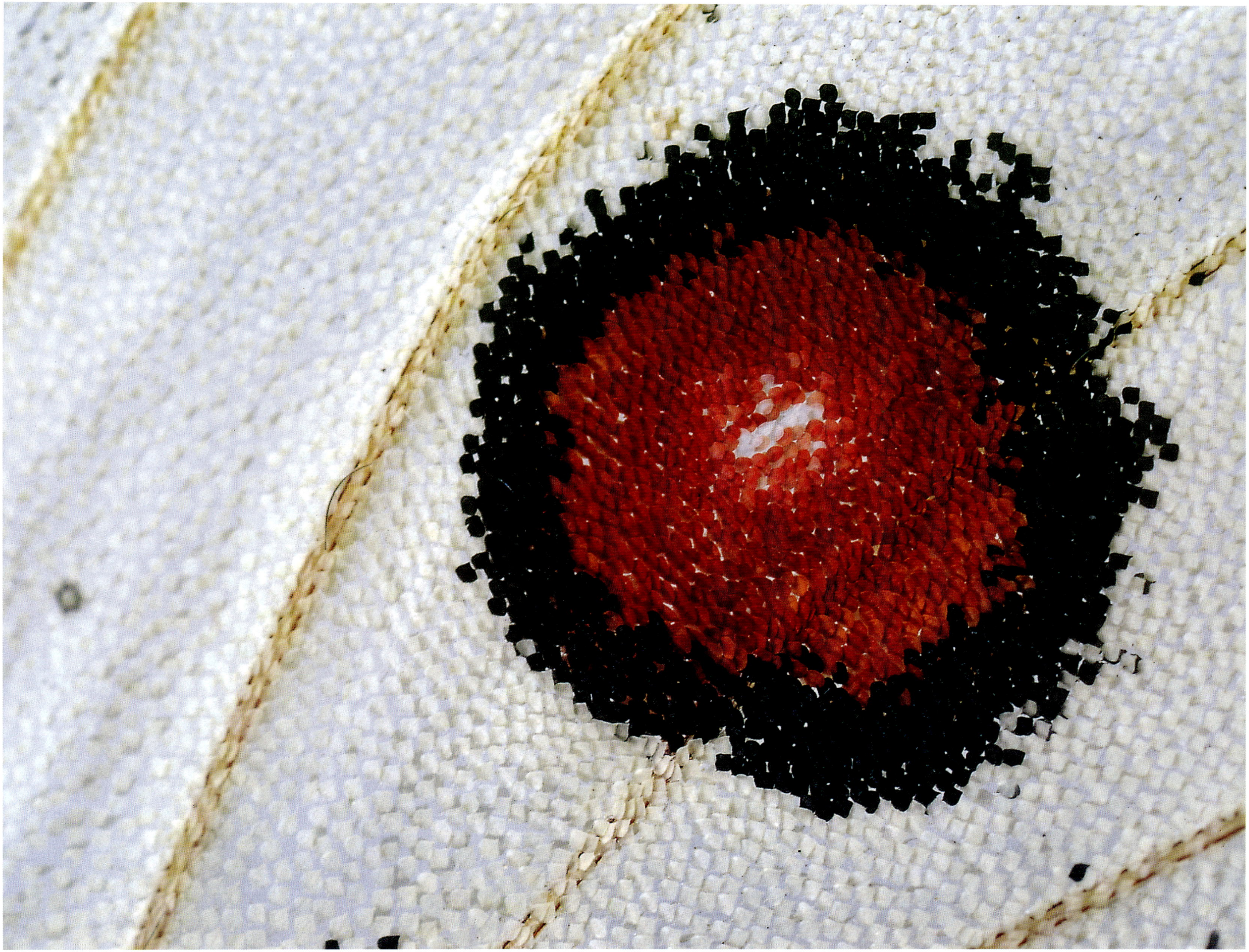

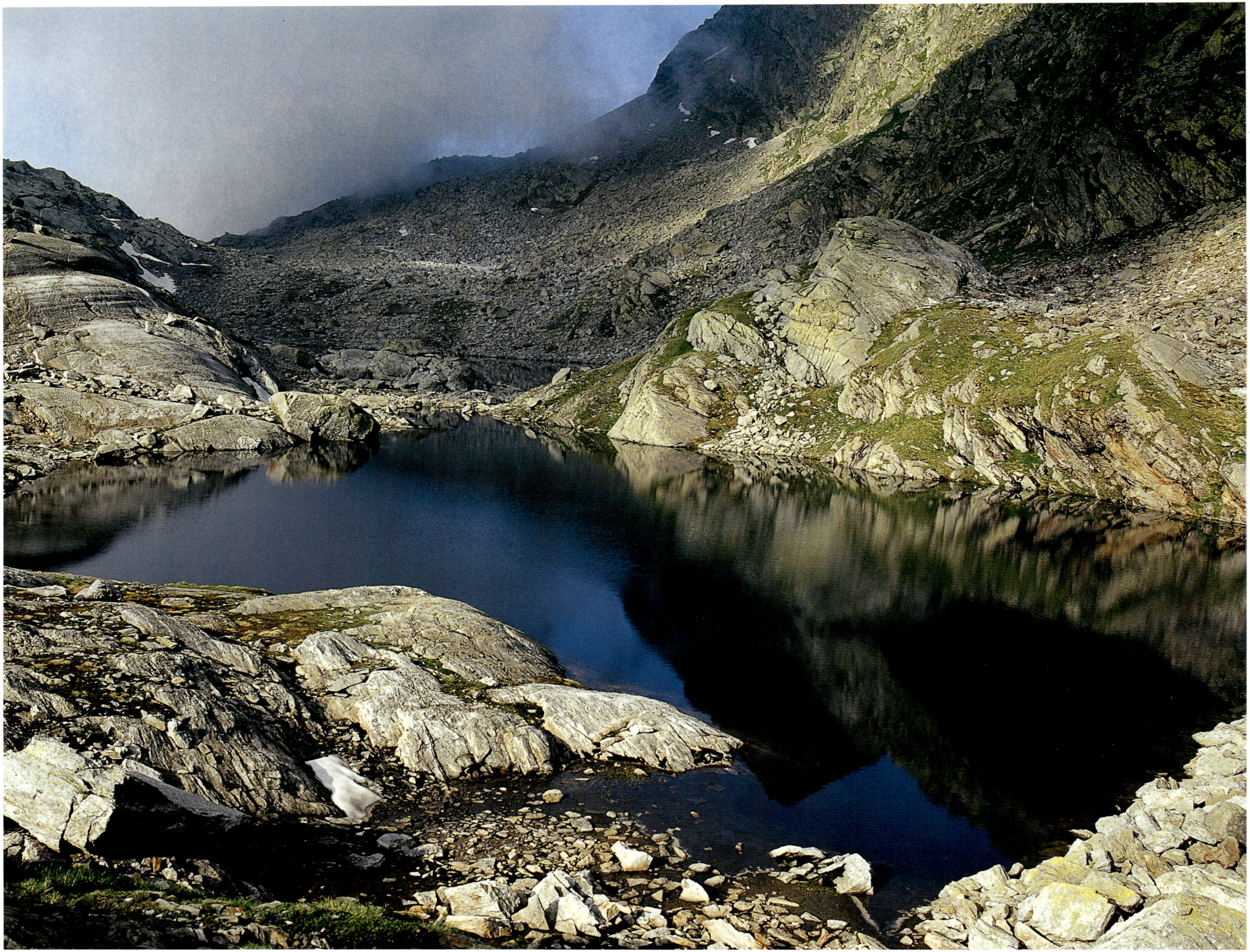

„Augen der Berge" werden die blinkenden Seen genannt, die in der schroffen Hochgebirgslandschaft auch für unsere Augen Oasen der Ruhe sind. Milchsee im Naturpark Texelgruppe, Grün- und Limosee auf der Fanesalm.

Ein junger Steinbock prescht behände die Felsflanke
hinab.

Trotz des Kontrastes zwischen der harten Struktur des
Dolomitfelsens und dem harmonisch geschwungenen
Gehäuse der Felsenschnecke scheinen die beiden
in einem überraschenden Dialog zu treten, in einer fast
unerklärlichen Harmonie aufeinander zuzugehen.

„Es werde Licht!" Wie am ersten Schöpfungstag der
Erde: Sonnenaufgang am Seekofel, hoch über dem
Pragser Wildsee.

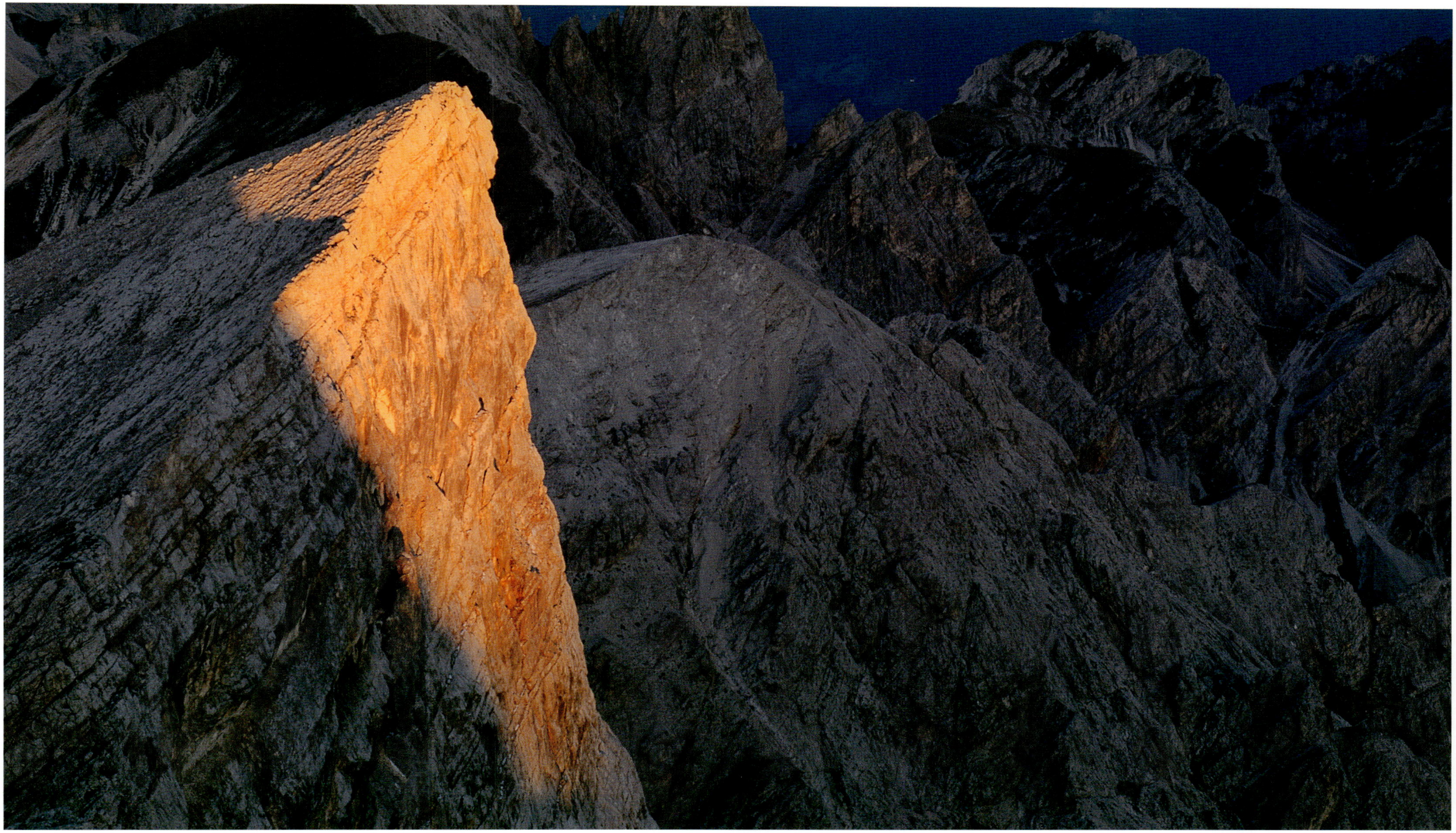

„Über allen Gipfeln ist Ruh.
Warte nur, balde ruhest auch du."
(nach Goethe)

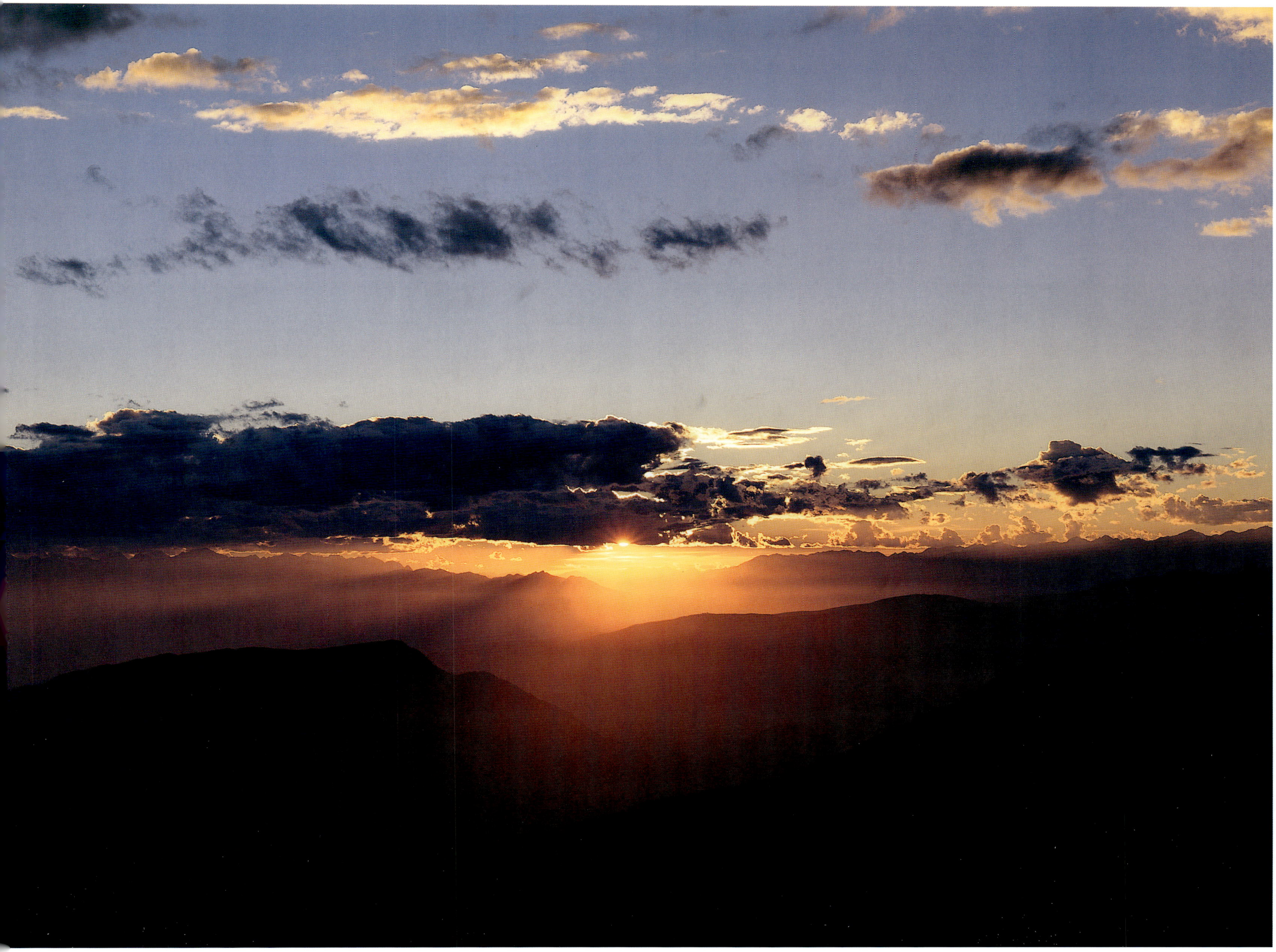

BERG

Herbstfarben im Gebirge

Nur für wenige Tage leuchtet die Alpen-Bärentraube feuerrot
zwischen Felsblöcken und Baumskeletten.

Pralle Fruchtbarkeit auf kargem Torfmoos: Preiselbeeren.

Auf einer mit Flechten bewachsenen Felsplatte hat cer
Herbstregen Lärchennadeln dekorativ arrangiert – vom Wind
zusätzlich mit roten Blättchen der Rauschbeere garniert.

Knipsen ist wie gedankenloses Plaudern;
Fotografieren heißt vor allem warten:
Warten auf den Augenblick, in dem die Natur zu uns spricht.

Baumstämme im Wasser. Wie lange mögen sie schon hier liegen?

Die lange Verschlusszeit vermittelt uns die Fließbewegung
der Lärchennadeln in der Strömung.

Raureif und der Abglanz der goldenen Lärchen verkünden
die letzten Spätherbsttage auf Fanes.

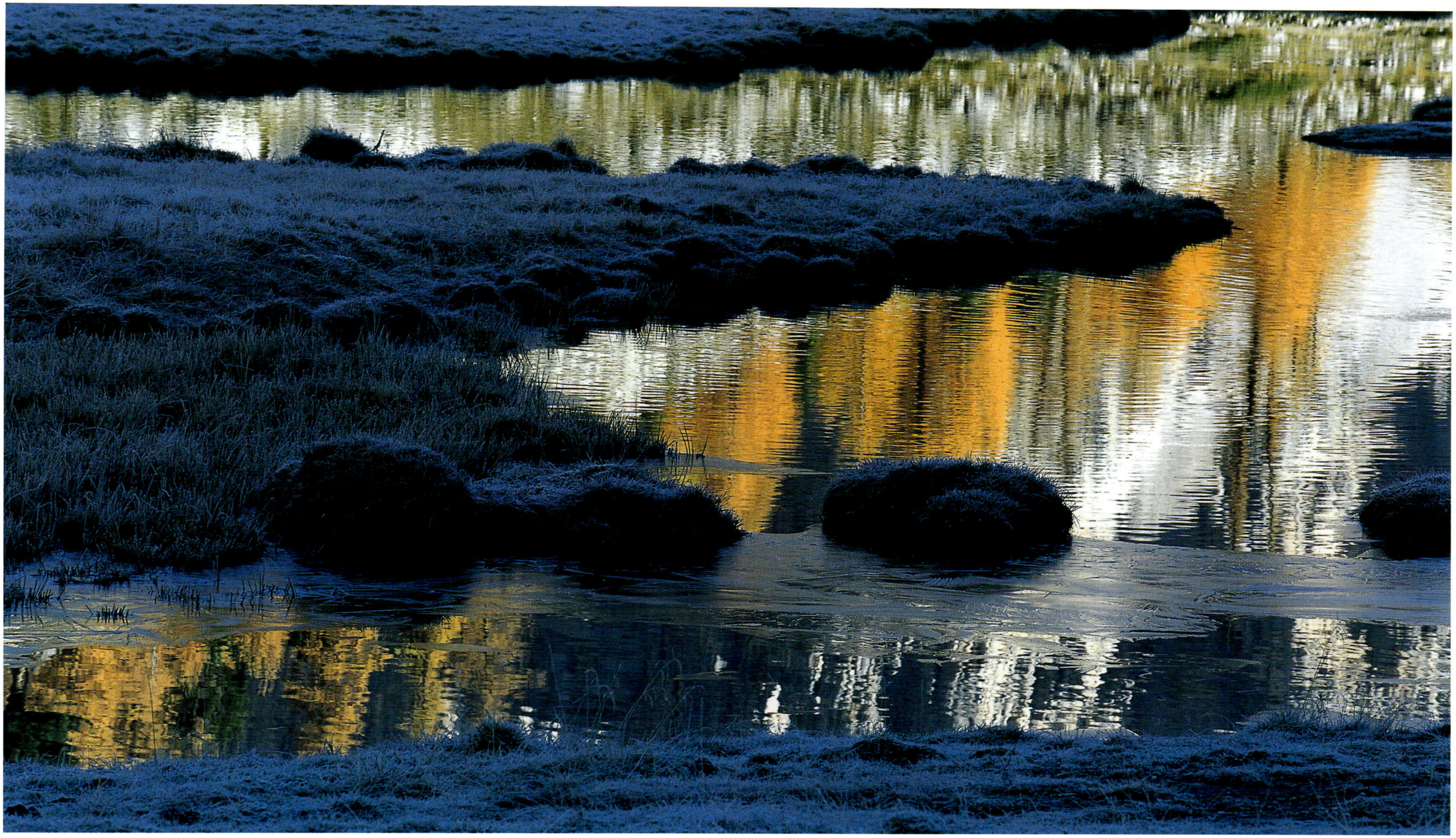

BERG

130

Das Lärchengold im Naturpark Fanes-Sennes-Prags
signalisiert Höhepunkt und Ende des Spätherbstes
und ist Symbol für die verborgenen Schätze des unter-
gegangenen Königreichs der Fanes. Verborgen bleiben
diese Landschaftsschätze auch den sommerlichen
Besuchermassen, die sich schon längst wieder verzogen haben. Lärchen im Gegenlicht, im Morgennebel
und im ersten Neuschnee.

Zeitstrukturen: Gebleichter Baumstumpf mit brauner Faserung.

Teamwork: Von der Erosion herausgearbeitete, vom Neuschnee homogenisierte und vom schräg einfallenden Licht skandierte Landschaftsskulptur.

Landart: Der vom Regen und der Julisonne ausgezehrte Altschnee wird vom rötlichen Licht der ersten Sonnenstrahlen übergossen.

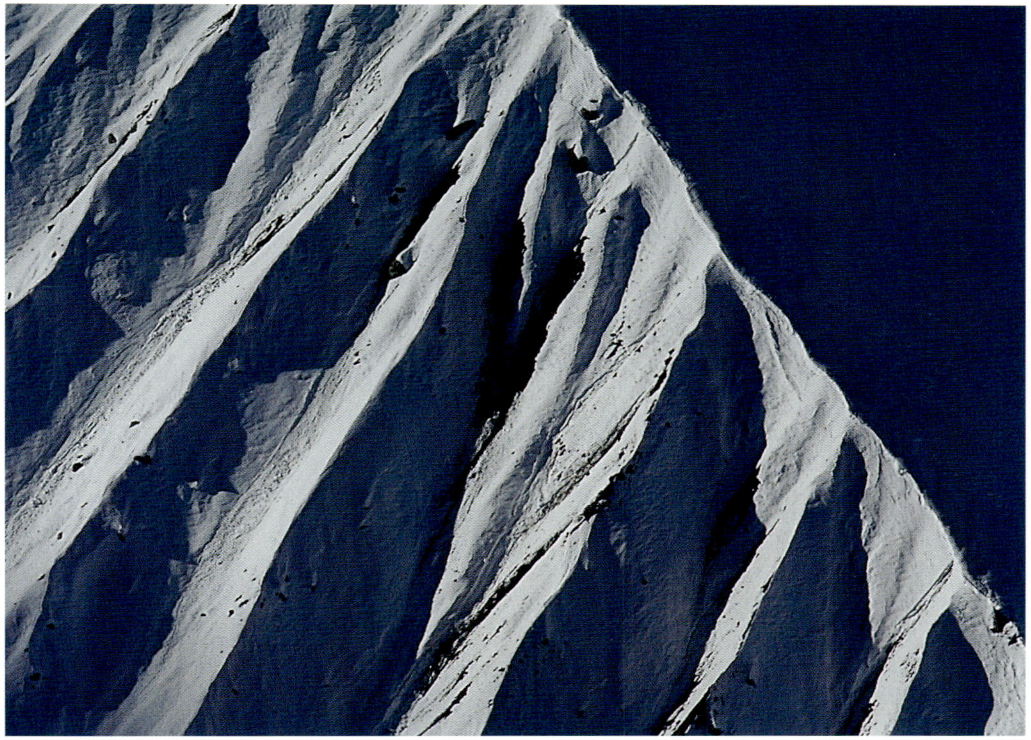

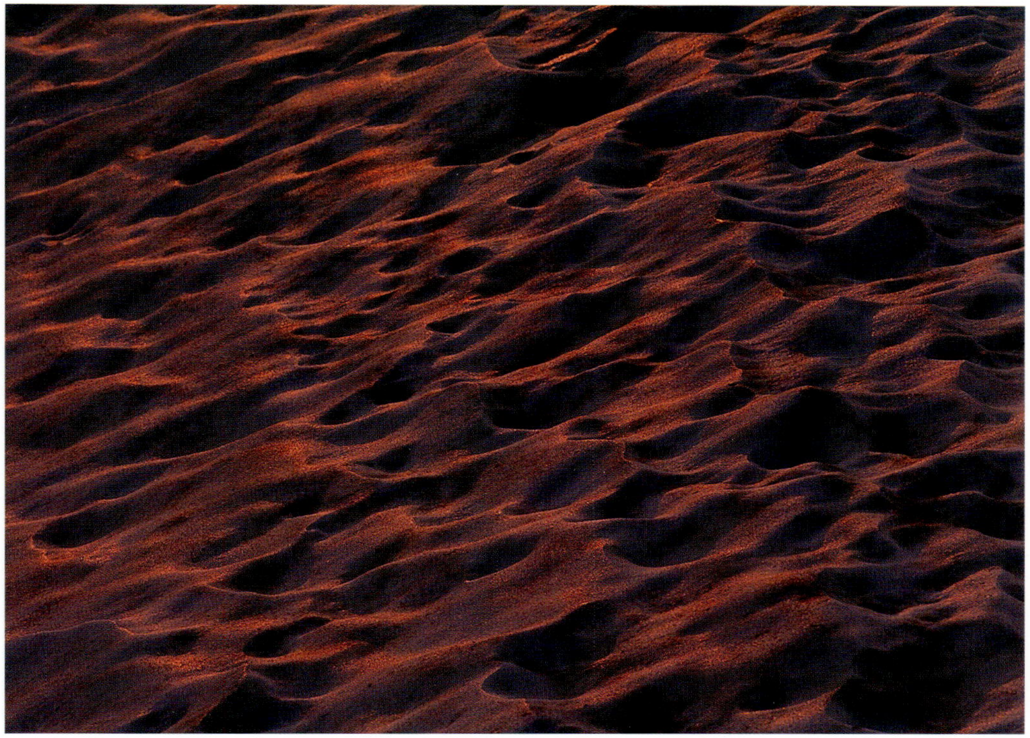

Nach einem ergiebigen Schneefall „entzündet" die
Sonne die über der Rodenecker Alm hängenden Wolken.

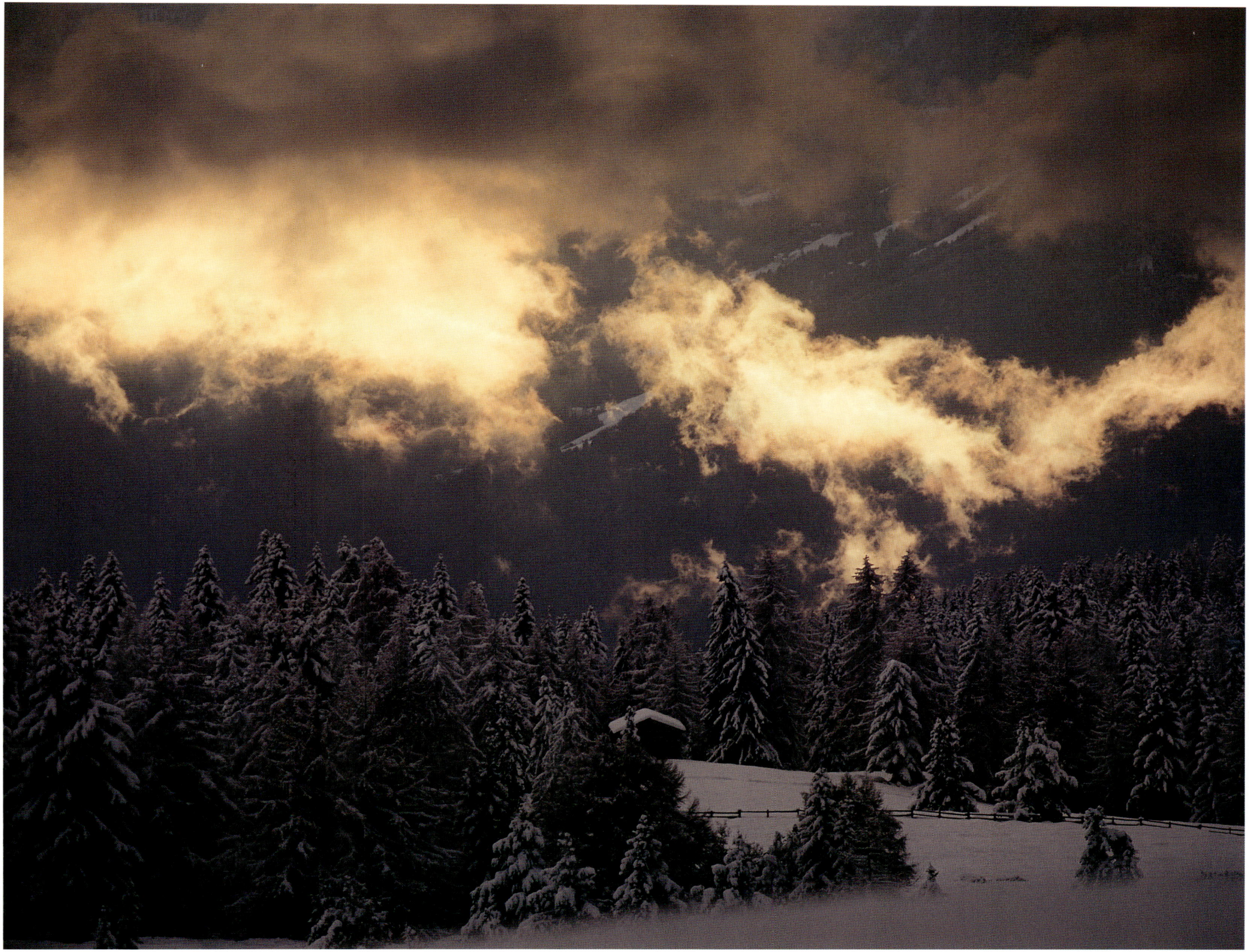

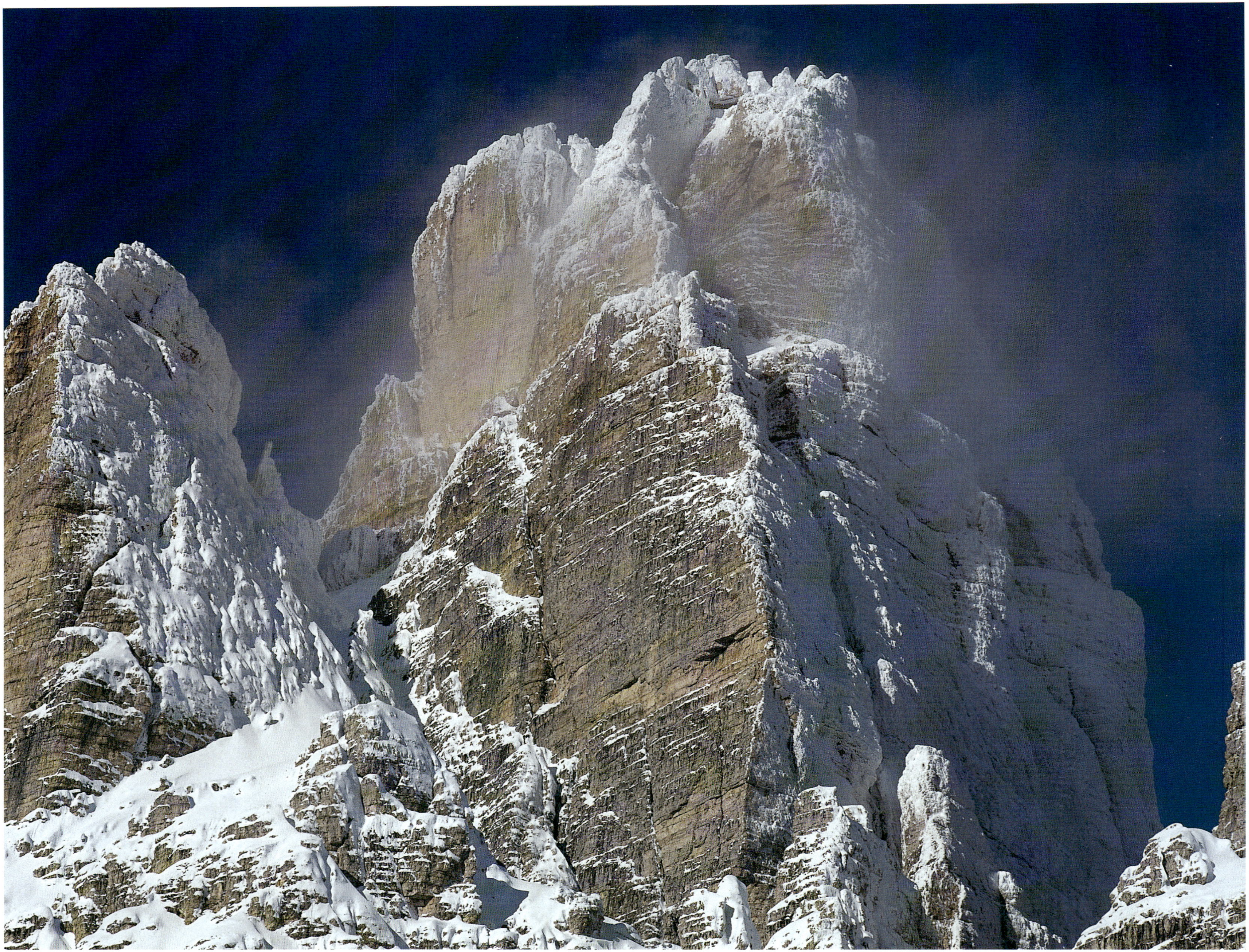

BERG

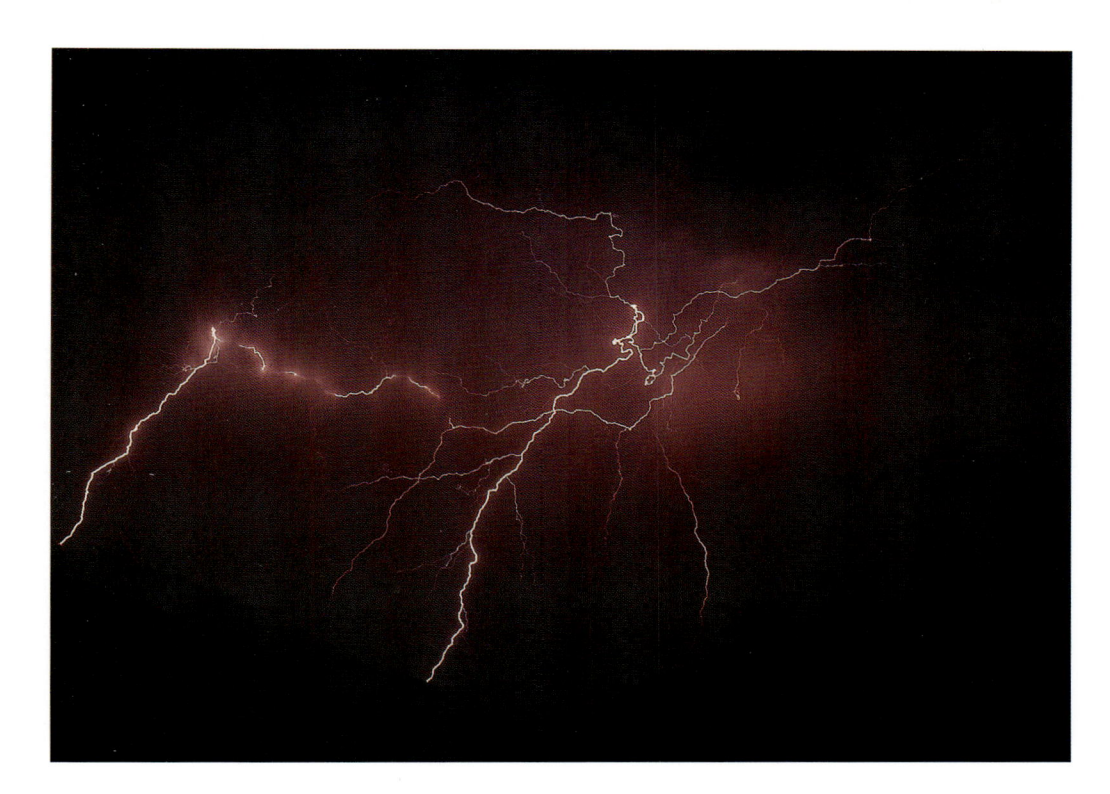

Blendung
Die angezuckerte Westliche der Drei Zinnen strahlt ir
den tiefblauen Winterhimmel.

Grelle Blitze am Nachthimmel über dem Hochpustertal.

Ruhe
Der Zwölferkofel – Zenit der monumentalen Sextner
Bergsonnenuhr – im winterlichen Dämmerlicht.

Die Sternenbahnen hoch über den stillen Valser Bergen
erinnern, dass auch in tiefster Ruhe alles fließt –
in uns wie im Kosmos.

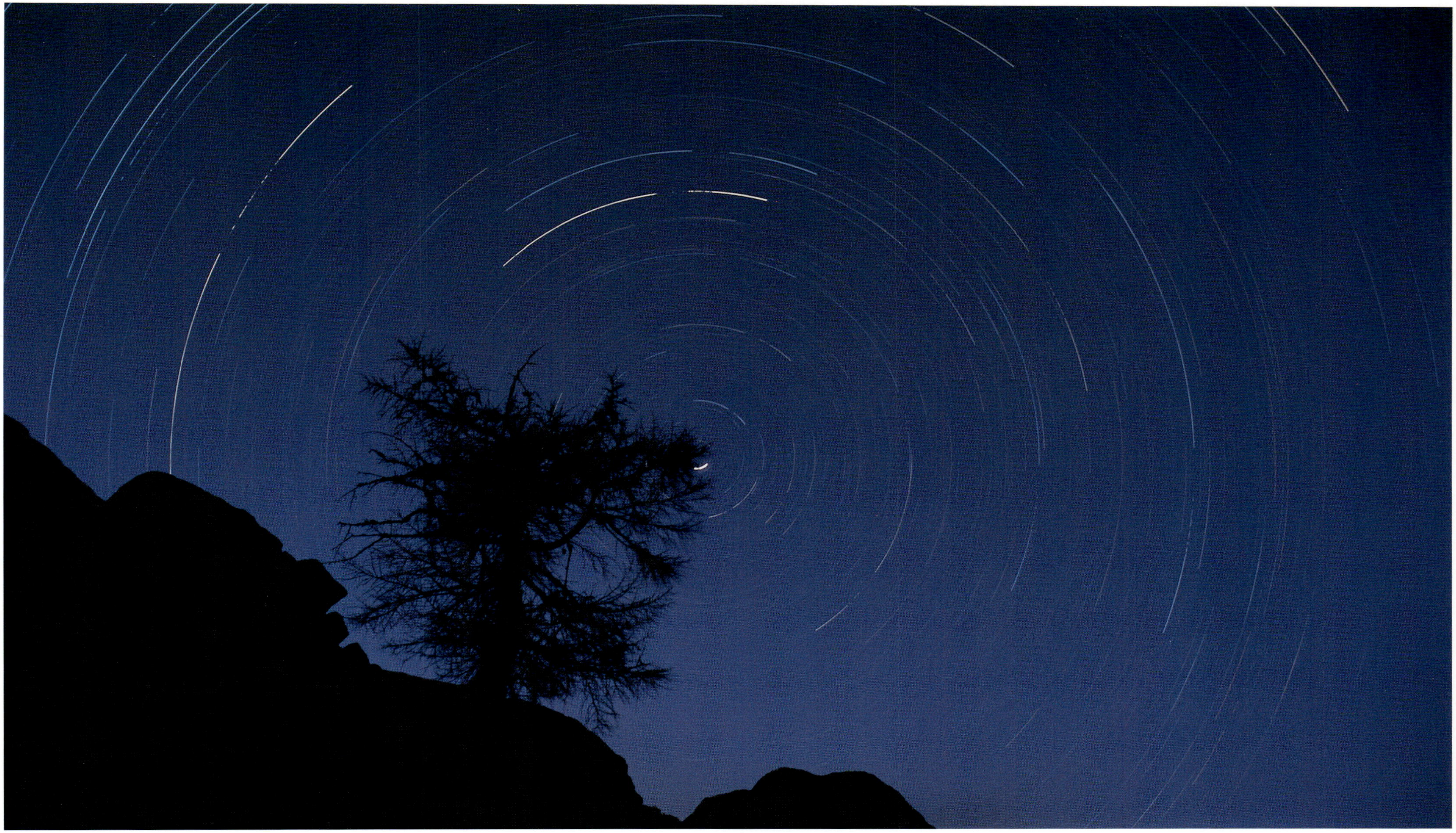

„Der Mond ist aufgegangen ..." und entzündet ein Licht am Nachthimmel, der sich dunkel blauend über die verlassene Rodenecker Alm senkt.

BERG

141

DIE FOTOGRAFEN

1. HERMANN AMBACH, geboren 1943 in Kaltern, lebt dort, Geometer. Fotografiert seit 1950 und zwar mit den Schwerpunkten Natur und Landschaft. Veröffentlichungen in Büchern und Zeitschriften.

2. MAURIZIO BEDIN, geboren 1962 in Rovereto, lebt in Terlan, Röntgentechniker. Seit seinem 14. Lebensjahr fotografiert er die Natur in all ihren Facetten, wobei sein besonderes Augenmerk den Vögeln gilt. Gründungsmitglied von Strix. Veröffentlichungen in in- und ausländischen Zeitschriften.

3. GIANNI BODINI, geboren 1948 in Laas. Seit über 20 Jahren dokumentiert er mit seinen Fotografien die verschiedenen Aspekte der alpinen Kultur, was sich in einem Archiv von über 30.000 Dias niedergeschlagen hat. Bildredakteur der Kulturzeitschrift „Arunda", fotografiert für die Zeitschrift „Der Vinschger". Autor von rund 15 Büchern, darunter „Menschen in den Alpen", „Die Alpen: nach Gebrauch wegwerfen", „Steine – 400 Jahre Megalithkultur", „Wege am Wasser – Südtiroler Waale" sowie zahlreicher Reportagen.

4. CARLO DAPOZ, geboren 1959 in Abtei, wo er auch lebt, ausgebildeter Elektriker. Beschäftigt sich seit dem 16. Lebensjahr mit Naturfotografie; die heimische Tierwelt und der Makrobereich sind dabei seine Vorlieben. Seit 20 Jahren vermittelt er in Diavorträgen die Schönheit der Dolomiten.

5. HELMUTH ELZENBAUMER, geboren 1962, aufgewachsen in Welschellen im Gadertal, lebt in Wengen und arbeitet dort als Tischler. In der Freizeit beschäftigt er sich mit der Naturfotografie, vor allem mit der heimischen Natur, wobei Landschaften, Tiere und Makro die Schwerpunkte bilden. Kategoriesieger beim AVS-Diawettbewerb „Faszination Berge". Veröffentlichungen in Büchern und Kalendern.

6. ALFRED ERARDI, geboren 1952 in Wengen, lebt in Ehrenburg, Sportlehrer an der Mittelschule. Am liebsten ist er mit seiner „Linhof" aus dem Jahre 1965 im Naturpark Fanes-Sennes-Prags auf Motivsuche, und zwar zu allen Jahreszeiten und bei jedem Wetter. Besonders am Herzen liegt ihm, durch seine Bilder auf die vielen unscheinbaren und „kleinen Wunder der Natur" aufmerksam zu machen. Er bevorzugt Dias im Format 6 x 7 cm, die er auch regelmäßig vorführt. Seine Bilder wurden bei nationalen und internationalen Wettbewerben ausgezeichnet. „Südtiroler Naturfotograf" 1999, 2000, 2001. Veröffentlichungen in Büchern, Zeitschriften und Kalendern. Gründungsmitglied von Strix.

7. HEINZ ERARDI, geboren 1957 in Wörgl, wohnt in Feldthurns. Seine fotografischen Interessen gelten hauptsächlich den Vögeln und der Makrofotografie. Teilnahme an verschiedenen Ausstellungen, einige seiner Aufnahmen sind in Fachbüchern erschienen.

8. LORENZ FISCHNALLER, geboren 1958 in Brixen, wohnt in Teis/Villnöss. Maler, Grafiker, Fotograf, Bauer, Natur- und Landschaftsführer. Hat mit 16 Jahren begonnen zu fotografieren und dadurch gelernt, die Natur bewusst zu betrachten und zu schätzen. In Tonbildschauen gibt er seine Eindrücke und Erkenntnisse weiter. Sein Lieblingsmotiv: vom Licht beseelte Landschaften. Mehrere erste und zweite Preise bei Fotoausstellungen und Dia-Wettbewerben.

9. GEORG FRENER, geboren 1955 in Brixen, lebt in Vahrn, Förster. Die Fotografie ist für ihn ein Weg, die Natur beobachten, kennen, schätzen und schützen zu lernen.

10. BRUNO GHENO, geboren 1958 in Innsbruck, lebt und arbeitet als Angestellter bei der Eisenbahn in Brixen. Naturfotograf seit 1985, und zwar mit Schwerpunkt „Landschaft". Gründungsmitglied von Strix. Veröffentlichungen in Zeitschriften und Büchern.

11. ROMAN GUADAGNINI, geboren 1952 in Montan, lebt dort. Seit 20 Jahren fotografiert er die Natur, wobei er Tiere in freier Wildbahn besonders in sein Herz geschlossen hat: Sie füllen seine Freizeit voll aus. Ob bei der Gamspirsch, Auerhahnbalz oder auf den Spuren von Fuchs und Hase – Geduld und Geschick sind sind für ihn unabdingbar, wenn es gilt, manch schöne Stunde fotografisch zu vermitteln.

12. JOSEF (SEPP) HACKHOFER, geboren 1962, aufgewachsen auf dem elterlichen Bauernhof in Toblach-Aufkirchen, lebt in Bruneck; ausgebildeter Tischler, arbeitet als Schutzgebietsbetreuer für das Südtiroler Landesamt für Naturparke. Gründungsmitglied von Strix. Fotografiert seit dem zwölften Lebensjahr; Schwerpunkte: Heimische Natur, Landschaft, Makro und Tiere. Macht regelmäßig Diavorträge über die Natur in Südtirol und über seine Reisen. Diverse Publikationen in Büchern, Zeitschriften und Kalendern.

13. WALTER HACKHOFER, geboren 1958, aufgewachsen auf dem elterlichen Bauernhof in Aufkirchen bei Toblach, den er nunmehr als Vollerwerbsbauer führt. Ist viel und gerne in den Bergen unterwegs, wobei er immer eine seiner Mittelformatkameras dabei hat. Fotografiert auch sehr gern in Schwarz-Weiss und verbringt viele Stunden im eigenen Labor. Die Spannung liegt für ihn darin, eigene Empfindungen ins Bild einfließen zu lassen. Veröffentlichungen in Zeitschriften und Büchern.

14. RICHARD HITTHALER, geboren 1946 in Bruneck, lebt dort, ausgebildeter Elektriker. Fotografiert seit etwa 20 Jahren mit Vorliebe Insekten und Vögel, die er ausgiebig studiert und dokumentiert hat. Rückt aber auch gerne andere Tiere und Landschaften ins Bild. Seine Fotografien wurden schon mehrfach veröffentlicht.

15. GEORG KANTIOLER, geboren 1968, aufgewachsen und wohnhaft in Feldthurns, arbeitet als Projektberater bei einer Baufirma in Brixen. Seine ersten Versuche in der Naturfotografie gehen auf die späten 90er Jahre zurück. Sein bisher größter Erfolg war ein Highlight bei „Oasis 2003", dem größten nationalen Wettbewerb für Naturfotografen. Kategoriesieger bzw. Preisträger bei verschiedenen regionalen Wettbewerben (AVS 2002, Amt für Naturparke 2002), Veröffentlichungen in Büchern, Kalendern, im Magazin „Naturfoto" und in verschiedenen anderen Zeitschriften.

16. MARTIN LEITNER, geboren 1963 in Sterzing, lebt dort, Unternehmer. Seit seinem 15. Lebensjahr leidenschaftlicher Hobbyfotograf (Natur und Landschaft). Seit 1987 Fotograf des „Leitner-Kalenders".

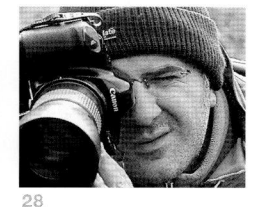

17. **VITO MIRIBUNG,** geboren 1959, wohnt in St. Ulrich/Gröden, Lehrer und Informatik-Experte. Fotografiert fast ausschließlich im Makrobereich mit großer Vorliebe für die Welt der Insekten. Mitglied des Fotoclubs Gröden, dessen Homepage er gestaltet. Bearbeitet das eigene Diamaterial auch digital. Eigene Homepage mit Schwerpunkt Natur und Fotografie. Annahmen bei zahlreichen Fotowettbewerben, zweiter Platz beim Fotowettbewerb der Südtiroler Naturparke 2002.

18. **MATTHIAS MOLING,** geboren 1946 in Wengen, aufgewachsen im kleinen Bergweiler Furnaccia bei Wengen, lebt derzeit in Stegen bei Bruneck. Pensionierter Konditor. Seit etwa Mitte der neunziger Jahre ist die Naturfotografie seine wichtigste Freizeitbeschäftigung. Hält regelmäßig Lichtbildervorträge über die Flora und Fauna der heimischen Bergwelt.

19. **GEORG VON MÖRL,** geboren 1961, lebt als Gärtner in Brixen, gelernter Buchdrucker. Teilnahme an verschiedenen Ausstellungen. Schwerpunkte in der Fotografie: Details in den Formen und Strukturen der Natur im Laufe der Jahreszeiten sowie Makrofotografie, insbesondere Insekten.

20. **WALTER NICOLUSSI ZATTA,** geboren 1965 in Trient, lebt in Bozen und arbeitet in der Landesverwaltung. Seit 1992 als Naturfotograf tätig. Erforscht mit Vorliebe die Natur des Alpenraums, insbesondere Greifvögel. Seine Bilder wurden in verschiedenen Zeitschriften, Büchern und Kalendern veröffentlicht.

21. **WALTER OBERLECHNER,** geboren 1959 in Bruneck, aufgewachsen in Reischach, lebt derzeit als Angestellter in St. Lorenzen. Fotografiert seit rund 25 Jahren zum Thema Natur.

22. **ERICH OBRIST,** geboren 1944 in Seefeld (A), wohnhaft in Kaltern, Elektriker. Fotografiert seit 1980, bevorzugt als Motive die Flora und Fauna des Waldes. Veröffentlichungen in Büchern und Zeitschriften.

23. **WALTER PALLAORO,** geboren 1953, wohnt in Auer, Polsterer. Seit 1976 leidenschaftlicher Fotograf. Verschiedene Auszeichnungen, darunter der erste Preis beim „Gran premio italiano di fotografia naturalistica" in der Sparte „Tiere". Diverse Veröffentlichungen in Büchern.

24. **HANS PESCOLLER,** geboren 1941, aufgewachsen auf einem der höchstgelegenen Bauernhöfe in Campill (Gadertal), lebt als pensionierter Gemeindesekretär von Wengen in St. Martin in Thurn. Erfahrener Bergsteiger und BRD-Mann. Fotografiert seit 1965 mit Schwerpunkt Landschaft, Bergbauern, Bergsteigen. Umfangreiche schriftstellerische Tätigkeit im Bereich Bergliteratur; Autor der Bildbände „Val Badia" und „Tera Ladina", Mitautor des Bildbandes „Dolomites". Sein erklärtes Ziel: Erhaltung der ladinischen Landschaft und Vermittlung von interessanten Begegnungen und Entdeckungen in der Natur durch Bilder. Seine große Freude: Die Mitmenschen durch seine Bilder an der Größe, Vielfalt und Erhabenheit seiner geliebten Dolomitenheimat teilhaben zu lassen.

25. **CHRISTINE PFEIFER,** geboren 1956, aufgewachsen im Eggental, lebt und arbeitet seit 1994 in Bruneck. Fotografiert seit 1997 hauptsächlich in der freien Natur. Eine Gemeinschaftsausstellung 2001 in Brixen, Preis in der Kategorie „Landschaft" beim Fotowettbewerb der Südtiroler Naturparke.

26. **MASSIMO RUGGERA,** geboren 1969 in Brixen. Interessiert sich für Fotografie seit seinem 14. Lebensjahr und sammelte seine ersten Erfahrungen mit einer Praktica B200. Sein Interesse galt von jeher den Bergen, der alpinen Umwelt mit ihrer Flora und Fauna. Über Jahre fotografierte er ausschließlich in Schwarz-weiß, erst jüngst beschäftigt er sich mit Farbfotografie. Arbeitet gerne mit seiner alten Fotokamera „Horseman 6 x 7", bevorzugte Motive sind Hochgebirgslandschaften.

27. **NORBERT SCANTAMBURLO,** geboren 1946 in Innichen, lebt in Bruneck, unterrichtet an der dortigen Mittelschule. Fotografieren ist für ihn mehr als ein Hobby, eine Möglichkeit kreativ zu sein, eine Leidenschaft, die er seit mehr als 30 Jahren pflegt und die seiner Begeisterung für die Natur sehr entgegenkommt. Seine Bilder wurden in mehreren Ausstellungen gezeigt und sind auch in Buchprojekte eingeflossen.

28. **ROBERTO SINISCALCHI,** geboren 1959 in Rom, lebt in Brixen und arbeitet in der dortigen Gemeindeverwaltung. Seit 1986 als Naturfotograf tätig – mit beachtlichen Erfolgen, so etwa im Rahmen des AIAS-Wettbewerbes, beim internationalen Fotowettbewerb BBC Wildlife Photographer of the Year, beim nationalen Wettbewerb der Naturzeitschrift Oasis sowie beim Internationalen Naturfotografen-Festival von Rosenheim. Gründungsmitglied und Präsident von Strix; einziges italienisches Mitglied der Gesellschaft Deutscher Tierfotografen (GDT); Veröffentlichungen unter anderem in: Airone, Oasis, National Geographic, Tutti Fotografi, BBC-Magazin, Natur Foto.

29. **GEORG TASCHLER,** geboren 1959 auf einem Bauernhof in Gsies, lebt in Toblach, ausgebildeter Maschinenschlosser, arbeitet als Techniker bei einem Pustertaler Speckproduzenten. Fotografiert seit dem Jahr 2000 vorwiegend in den Bereichen heimische Natur, Landschaft, Makro und Tiere.

30. **HUGO WASSERMANN,** geboren 1959, lebt in Brixen, Tischlermeister und Möbelrestaurator. Beschäftigt sich seit dem 14. Lebensjahr intensiv mit Naturfotografie. Erforscht mit Vorliebe die heimische Natur, wobei der Makrobereich, Formen und Details in der Natur Schwerpunkte bilden. Gründungsmitglied von Strix. Erfolgreiche Teilnahme an Naturfotografie-Wettbewerben: Highlight bei den Rosenheimer Glanzlichtern 2002, Gesamtsieger beim Fotowettbewerb der Südtiroler Naturparke 2002, Südtiroler Naturfotograf 2002, Highlights beim GDT-Wettbewerb 2003; zahlreiche Veröffentlichungen in Zeitschriften, Büchern und Kalendern.

31. **ROBERT WINKLER,** geboren 1966, wohnhaft in Aicha, gelernter Holzbildhauer. Seinen Beruf übt er hauptsächlich in den Wintermonaten aus. Im Sommer arbeitet er als Forstarbeiter im Naturpark Schlern. Seine Schwerpunkte in der Naturfotografie sind Tiere in der heimischen Landschaft. Preisträger bei den Wettbewerben „Naturparke in Südtirol 2002" und „AVS – Faszination Berge 2002".

DER AUTOR. Martin Schweiggl, 1948 in Kurtatsch an der Weinstraße geboren, ist Landschaftsplaner und zählt – als Direktor des Amtes für Landschaftsökologie – zu den besten Kennern der Südtiroler Natur und Landschaft. Seine fachkundigen und lebendigen Texte umschreiben das Beziehungsfeld zwischen Natur und Kultur, Vergangenheit und Gegenwart, Mensch und Land. Aus seiner Feder stammen u. a. die landeskundlichen Bücher „An der südlichen Weinstraße" sowie „Unterland", das Südtiroler Burgenbuch „Zeugen aus Stein" und der Band „Naturparke in Südtirol".

BILDNACHWEIS

HERMANN AMBACH 81
MAURIZIO BEDIN 8, 57, 69, 77 (captive), 84, 92, 104 l, 113 l, 132
GIANNI BODINI 39 r, 63, 133 l
CARLO DAPOZ 44 r, 126 r
HELMUTH ELZENBAUMER 128 l
ALFRED ERARDI 1, 14, 40, 61, 66, 67, 68, 87, 93, 100–101, 110–111, 124–125, 126 l, 128 r, 130 l, 141
HEINZ ERARDI 23 l
LORENZ FISCHNALLER 16, 20, 31
GEORG FRENER 50, 88, 116 l
BRUNO GHENO 17, 43, 60, 135
ROMAN GUADAGNINI 19 l, 21, 80, 96
SEPP HACKHOFER 54, 56, 70, 74, 86, 97, 115, 121 l, 123, 130 r, 139
WALTER HACKHOFER 45, 62, 136, 137
RICHARD HITTHALER 36–37
GEORG KANTIOLER 29, 39 l, 49 l, 53, 59, 64, 89, 98, 133 r
MARTIN LEITNER 35, 121 r
VITO MIRIBUNG 122 r

MATTHIAS MOLLING 109
GEORG VON MÖRL 44 l, 91 l
WALTER NICOLUSSI ZATTA 24 r, 25, 58 r, 94, 112, 113 r, 122 l
ERICH OBRIST 30, 58 l, 75, 78
WALTER OBERLECHNER 131
WALTER PALLAORO 10, 11, 22 l, 23 r, 24 l, 55, 76 r, 85 l, 108
HANS PESCOLLER 120
CHRISTINE PFEIFER 114
MASSIMO RUGGERA 6
NORBERT SCANTAMBURLO 104 r, 127
ROBERTO SINISCALCHI 12 l, 12 m, 13 l, 13 r, 18 r, 19 r, 27, 28, 33 r, 38 l, 38 r, 47, 48, 51, 52, 72, 79, 90 l, 90 r, 116 r, 117, 119
GEORG TASCHLER 2
HUGO WASSERMANN 4, 12 r, 15, 18 l, 22 r, 32, 33 l, 42, 46, 49 r, 65, 73 l, 73 r, 91 r, 95, 102, 105, 107, 118, 129, 138
ROBERT WINKLER 34, 76 l, 82–83, 85 r, 103